El Acceso de los Pueblos Indígenas de la Sierra Nevada de Santa Marta a la Reparación Colectiva:

Desde un enfoque diferencial en el marco de las leyes transicionales

El Acceso de los Pueblos Indígenas de la Sierra Nevada de Santa Marta a la Reparación Colectiva:

Desde un enfoque diferencial en el marco de las leyes transicionales

Sirley Rodríguez Vega

ITA
Editorial

Título: El Acceso de los Pueblos Indígenas de la Sierra Nevada de Santa Marta a la Reparación Colectiva.
Subtítulo: Desde un enfoque diferencial en el marco de las leyes transicionales

EDITORIAL ITA S.A.S.
Impreso en: Bogotá D.C.
Página web: www.itabooks.com

ISBN: 978-958-52398-0-7
Publicado en el año: 2019.
Número de páginas: 103
Editado por: Editorial ITA S.A.S.
Autor: Sirley Rodríguez Vega.
Prologuista: Cayetano Torres Izquierdo

ITA
Editorial

Agradecimientos

A Dios, sin su protección y ayuda en cada paso dado no hubiera recogido los frutos que hoy cosecho.

A Liz Mary Jurado y Nayibe Fuentes , por su cariño e insistencia para que realizara mi maestría.

A Fanny Causil, sin sus cuidados no hubiera podido culminar mis estudios.

A Carlos Uscategui, por su apoyo incondicional

A Edwin Cortes Sánchez, por su paciencia, acompañamiento y enseñanzas, sin él le faltaría una raíz a este árbol

A mis hijos Shirley Campillo, Camila Campillo y Luis Santiago Ochoa, cada uno desde su perspectiva contribuyó a que mi sueño se hiciera realidad.

A mi esposo Luis Ochoa Buitrago, su solidaridad y su constante espera cuando debía alejarme a estudiar, fue bastión fundamental en este logro.

A Maria Bernarda Behaine, ejemplo de lucha y tenacidad ante la adversidad.

A Carlos Duque Certuche, mi eterno maestro.

Dedicatoria

A la doctora Zeneida López Cuadrado, Fiscal de Justicia Transicional, por su gran sensibilidad para con el dolor de las víctimas del conflicto armado, y de manera especial con el de los pueblos indígenas de Colombia y del mundo. Por tales bondades espirituales no dudó en brindarme su apoyo incondicional en la elaboración de este libro, y en cada lágrima que afloraba a mis ojos en la búsqueda de este sueño, tuvo siempre para mí una voz de aliento que me animaba a culminarlo.

Prólogo

La inspiración trasciende desde la alegría y la felicidad eufórica de la autora y de la avidez infantil de Santi, su hijo (Luis Santiago Ochoa) de saber y conocer el mundo intercultural, han sido los focos humanos que iluminaron para escribir tranquilamente que los ciclos y secuencia del principio de acceso indígena, no nace ahora, sino permanece desde la concepción del mundo y el universo, por cuanto el tiempo de aquel origen describe que la concepción del acceso se constituye en códigos espirituales de la cultura indígena como principio rector de la integridad materna del territorio ancestral y sus milenarias fuentes hídricas que brotan desde las entrañas de la SNSM.

Para los cuatro pueblos indígenas, Kogui, Wiwa, Arhuaco, Kankuamo, de la SNSM, sus historias y tradiciones, acceden la visión y misión de la protección y conservación natural establecida por la Madre como Mandato. Así está definida la ley ancestral escrita desde el principio: la tierra y el firmamento son el piso esencial para el acceso del mundo espiritual en la vida indígena. A través de la sabiduría y conocimiento, los Mamo de la Sierra Nevada mantienen, conservan, alimentan y conducen aquellos caminos de orientación de enseñanza y aprendizaje que necesitarán los hijos de nuestros hijos con relación a la integralidad natural que lo abriga.

La condición natural de los pueblos indígenas de ser hijos de la bondad original del territorio madre, significa mantener el pensamiento ancestral de la vida y la existencia para conservar la relación de equilibrio y armonía del hombre y la naturaleza que obliga verificar tiempos y procesos actuales que permita garantizar los alimentos, el aire, el fuego y la vida integral del agua que estructuran la razón de la coexistencia de los pueblos indígenas y el territorio en sí mismo, respetando a los Sitios Sagrados, (Ezuama o Kadukua), concebidos desde el principio como Espacios de Manejo Especial de los Mamo, que son los órganos espaciales vitales de única relevancia para la permanencia de las raíces originarias de la cultura indígena en la Sierra Nevada.

La estructura de la cultura indígena representa la misión de los componentes culturales escritos en la Ley de Origen, orientadas desde la visión de la interconectividad de su función intrínseca original, cuyo acato y cumplimiento implica el principio de la complementariedad como eje rector en la pervivencia de la vida, la cultura y la humanidad. El producto de esta interacción integral produce la fuerza y el poder del pensamiento para efecto del cumplimiento de los Mandatos de conservación y protección del

Corazón del Mundo que la Madre dejó establecido desde la universalidad de su visión, inmersa en cada componente inseparable del sistema de conocimiento ancestral de la SNSM.

Estas dimensiones espirituales están definidas desde antes de la materialización del mundo y en cada nivel establecido en su estructura espiritual, que sólo conocen y describen los Mamo, los cuales constituyen un hilo de interconexión inseparable del conocimiento y su sistema de aplicación que van mucho más allá de lo que vemos físicamente. Desde aquel origen intangible nace el principio de la integralidad y la inseparabilidad del territorio con el tiempo y el espacio: el hoy, el ayer y el mañana; la noche y el día; la vida y el más allá. Son principios fundamentales que así como los cuatro horcones básicos de una casa, el sistema de conocimiento ancestral constituye caminos como guía superior en el soporte milenario de la cultura propia de los pueblos indígenas de la Sierra Nevada.

La reseña histórica de la tesis que invoca la autora conlleva el análisis desde la integralidad de dos visiones distintas: una de orden cultural que hace evidente que el sistema de conocimiento ancestral de los pueblos indígenas kogui, wiwa, arhuaco, kankuamo de la SNSM no emerge de tiempos recientes; y la segunda referencia diversos momentos y épocas de evolución de la filosofía normativa de la constitución y la ley, para llegar sobre hechos concretos y efectivos que permitan desarrollar esta misión conjunta acorde al enfoque diferencial que respete y desarrolle el conocimiento sobre la concepción del territorio ancestral y sus pueblos originarios.

Para motivar el escepticismo actual es de recurrente pedagogía social aplicar la infusión de la integralidad histórica de los pueblos indígenas para convocar al potencial del retrovisor humano que mire en las páginas del ayer precolombino, sobre qué ha significado para la pervivencia del conocimiento indígena la revolución independentista de 1810 en Colombia, por ejemplo, para llegar rápidamente hasta la Constitución de 1886, de profundos cambios sustanciales de aquella época, y verificar que dicho orden político y normativo nunca supo que al interior de este territorio preexistían otras culturas con otras formas de identidades y concepciones. Pero hoy corresponde enfatizar al pensamiento externo que ese otro sistema de conocimiento ancestral diferente estaba presente en la normatividad del pensamiento de los pueblos indígenas que lo habitan desde siempre.

Para la mediática opinión centrada solamente en las directrices filosóficas sobre la noción de país o de un estado social de derecho, resulta didácticamente lógico que mire también de fondo a esos hechos ocurridos un poco más reciente, sin que el análisis hacia atrás desvirtúe la "ironía histórica" transformada mediante los derechos fundamentales consagrados en la Constitución Política de

1991. Recordando que antes de su promulgación los pueblos indígenas no eran reconocidos como sujetos sociales de derecho, que irónicamente "nacieron" en ese "histórico 91" con unos mínimos reconocimientos que hoy reclaman, donde la noción de fondo en el orden nacional ya es la configuración de un nuevo Estado con diversidad de pensamientos y concepciones culturales que ofrecen el diálogo entre mundos distintos.

El ímpetu investigativo tal como el espíritu de la autora que se inspiró en este loable trabajo y el horizonte titilante de la adolescencia de Santi deben perpetuarse para siempre y que así mismo otras mentalidades como la del Doctor Jose Axel De la Pava se sumen a la causa indígena y, que las energías del universo reproduzcan capacidad y coraje de forjar cambios reales en beneficio de los pueblos indígenas del Corazón del Mundo bajo la premisa urgente de ir transformando mentes rebozadas sólo de papeles y documentos transitorios, y se llenen de alma y corazón, que se fortalezcan a profundidad con argumentos indelebles que solamente otorga el escenario energético del universo, que sí enseñan y muestran la sencillez pedagógica de la complejidad de la diversidad étnica de la SNSM.

Si fuera aplaudir procesos " pro indígena" en la Sierra y en Colombia, sabemos que se han invertido ingentes esfuerzos políticos de transformación, se han elegido excelentes protagonistas y en teoría se han tomado históricas decisiones "declarativas" pero que se quedan como género musical, entonces, para efecto del fin indígena de la Sierra, el concepto de "transición" y de "acceso", es imperioso que no caiga en la ceguedad asimétrica sino que la música de la retórica institucional normativa conduzca a conocer y escuchar el pasado para evaluar la actuación e interés real del Estado en estos procesos, para aproximarnos a la situación actual de las comunidades indígenas en el contexto de la justicia transicional, además de un análisis sobre la reparación con aplicación del "enfoque diferencial".

Cayetano Torres Izquierdo

**Autoridad indígena Tradicional
de los pueblos indígenas de la
Sierra Nevada Marta.**

Resumen

El logro de un cese al conflicto y la consolidación de una justicia transicional, necesita de la inclusión de cada uno de los grupos existentes en Colombia, -no solamente de el Estado y la Guerrilla-, es indispensable para ello: la introducción de cada uno de los grupos minoritarios del país, -como es el caso de las comunidades indígenas las cuales merecen un trato especial por el Estado como lo especifica la misma Constitución-, y por lo cual deben también en la aplicación de la justicia transicional tenerlos en cuenta, pues aparte de ser un grupo minoritario, han sido uno de los mayormente afectados por el conflicto, como es el caso específico de las comunidades indígenas de la Sierra Nevada de Santa Marta, por lo cual es este grupo específico y las implicaciones que tiene sobre la justicia transicional, el centro del presente libro. Para ello, se analiza en primera medida el contexto histórico que orbita sobre las comunidades indígenas y cada uno de sus sufrimientos, para establecer como se ha venido consolidando su protección tanto nacional, como internacional, tanto legislativa como jurisprudencial, para terminar con el esclarecimiento de su posición en la futura justicia transicional.

Palabras claves: *Reparación, Justicia Transicional, comunidades indígenas, enfoque diferencial.*

Abstract

The achievement of a cease-conflict and consolidation of transitional justice requires the inclusion of each of the existing groups in Colombia, not only of the state and the guerrillas, it is essential to do the introduction of each of the groups minority in the country, as is the case of indigenous communities which deserve special treatment by the State as specified by the constitution, and therefore should also in the implementation of transitional justice taken into account as well as being a group minority, have been among the most affected by this as in the specific case of the indigenous communities of the Sierra Nevada de Santa Marta, so is this specific group and the implications on transitional justice the center of this investigation for this first step will be discussed in the historical context that orbits on the indigenous communities, and each of their sufferings, to establish as has been consolidating its protection both nationally and internationally, both legislative and case law, to end clearing its position in the future transitional justice

Key words: *reparation, transitional justice, indigenous communities, differential approach.*

Glosario

ALAI	*Agencia Latinoamericana de Información*
AUC	*Autodefensas Unidas de Colombia*
CORTE IDH	*Corte Interamericana de Derechos Humanos*
DIH	*Derecho Internacional Humanitario*
DNP	*Departamento Nacional de Planeación*
FARC	*Fuerzas Armadas Revolucionarias de Colombia*
FGN	*Fiscalía General de la Nación*
DDHH	*Derechos Humanos*
GAOML	*Grupos Armados Organizados al Margen de la Ley*
GF	*Grupo focal*
OIT	*Organización Internacional del Trabajo*
ONIC	*Organización Nacional Indígena de Colombia*
ONU	*Organización de las Naciones Unidas*
SIDH	*Sistema Interamericano de Derechos Humanos*
SNSM	*Sierra Nevada de Santa Marta*
UNFJyP	*Unidad Nacional de Fiscalías para la Justicia y la Paz*

Tabla de Contenido

Introducción

Las comunidades indígenas en Colombia desde la conquista han sido violentadas en su integridad, no solo a los indígenas como individuos sino como toda una comunidad, pues su lazos de parentesco y fraternidad son muy fuertes, junto con la cosmovisión que los caracteriza estas comunidades representan por si mismas un ente que tiene derechos, y al cual durante siglos se ha maltratado, por lo que se necesita en la actualidad replantear la posición que tiene el Estado occidental con esto aborígenes

Los hechos cometidos en contra de poblaciones indígenas en el conflicto armado, encarnan, por las cosmovisiones que caracterizan a dichas poblaciones, una dimensión colectiva. Y así se ha reconocido en la legislación y las exigencias de la aplicación del "enfoque diferencial" en el marco de las leyes transicionales que, en sus versiones originales no lo reconocían, pero hoy con los desarrollos jurisprudenciales y transformaciones normativas, son toda una exigencia.

De otra parte, el marco de las leyes transicionales que tienen actual aplicación en Colombia, se enmarca en la implementación del proceso penal especial de Justicia y Paz con la Ley 975 de 2005, reformada posteriormente con la Ley 1592 de 2012, como también lo dispuesto para las víctimas del conflicto y la restitución de tierras en los mandatos de la Ley 1448 de 2011 sobre las cuales desde el derecho a la reparación colectiva, en el presente artículo resultado de investigación, se hace una aproximación no genérica, sino, con la incorporación del "enfoque diferencial" con el cual se atiende a las condiciones especiales de las poblaciones indígenas.

Como se señaló con anterioridad ante los procesos de paz que han existido en Colombia y ante la posible aplicación de una justicia transicional es claro cuestionarse sobre ¿Cuál es el papel de las comunidades indígenas en este tipos de procesos y en especial en la aplicación de la justicia transicional, en el caso específico de las comunidades indígenas de la Sierra Nevada de Santa Marta?

Por lo que ante los grandes vacíos legislativos y administrativos que reglamentan el trato jurídico a estas comunidades, es importante determinar la aplicación debida "enfoque diferencial" en el marco de las leyes transicional, partiendo del hecho de que se le reconozcan a los pueblos indígenas la adquisición en materia de derechos fundamentales hoy vigente y exigible por mandatos legales y constitucionales, junto con las múltiples violaciones ocasionadas por el conflicto armado necesita de que se materialice ese forma diferencial de manejo reconociendo siempre su dignidad y respetando sus tradiciones.

Capitulo I

Los Indígenas En Colombia

Como lo refiere la Universidad del Rosario[1] la naturaleza del Estado colombiano es pluricultural y multiétnica al igual que sus homólogos latinoamericanos, tanto así que en el territorio nacional existen 87 pueblos indígenas de los cuales se agrupan en 13 familias lingüísticas conformando el 3.4% de la población del país, sin embargo no se puede sustraer por esto de la memoria colectiva colombiana la casi extinción de esta población desde la época de la conquista, todas estas comunidades se acentúan.

> En el área rural del país en los resguardos indígenas legalmente constituidos, en las parcialidades indígenas, o en territorios no delimitados legalmente. Se encuentran ubicados en las regiones naturales como la selva, las sabanas naturales de la Orinoquia, Los Andes colombianos, en los valles interandinos y en la planicie del Caribe (Rojas, 2007, p. 22).

---

[1] véase http://www.urosario.edu.co/jurisprudencia/catedra-viva-intercultural/ur/Comunidades-Etnicas-de-Colombia/Pueblos-indigenas/

Hacia El Reconocimiento De Los Derechos De Los Pueblos Indígenas

La Conquista y La Opresión a los Indígena

El estudio sobre los pueblos indígenas y las afectaciones que históricamente han padecido se remonta en la historia a los tiempos del denominado "Descubrimiento de América" en 1492, ejemplo de ello lo encontramos en las grandes culturas de América donde la conquista significó la destrucción de los centros políticos y religiosos de los imperios Aztecas e Incas (Bastian, 1992, p. 29), por ello la esclavitud y los homicidios fueron la forma de opresión generalizada por los conquistadores contra los indígenas[2], sin embargo estas afectaciones tienen un trasfondo mayor dado que toda su cultura tras la conquista fue despojada arbitrariamente evidenciando en términos de derechos humanos las graves violaciones que en esa época se cometieron en contra de esta población. Esta realidad se nos es descrita de manera detalla por el libro <Las venas abiertas de latinoamérica>, donde se exponé cada uno de los vejámenes a los cuales fueron sometidos los indígenas americanos donde el discurso

[2]pero por parte de los conquistadores encontramos multiplicidad de conductas mediante las cuales materializaban la opresión en contra de estas personas, la transformación de los reinos indígenas independientes en comunidades campesinas (Garraso, 1973, p. 177),

de la evangelización y la cruz como estandarte, los conquistadores legitimaron su causa para asediar el nuevo mundo atacando fuertemente a los nativos de esas tierras, al punto de que las cifras y por el horror que encarna el aniquilamiento de culturas enteras, el fenómeno tiene las características y constituye un “genocidio” (Galeano, 1971)[3];

Primeros Reconocimientos

Desde allí, la acentuada discriminación y menosprecio no ha cesado, a pesar de los triunfos en el reconocimiento de los derechos logrando de este modo grandes avances, aún están presentes hoy; sobre todo en relación a las personas pertenecientes a los pueblos indígenas; ideologías erradas como el racismo y el colonialismo interno, afectan tanto a las relaciones sociales como a las identidades y subjetividades (De Sousa, 2012, p. 24) de cada uno de los integrantes

[3] En este contexto, lo que sucedía en la relación Viejo-Nuevo Mundo en el mismo Siglo XVI enfrentó a Ginés de Sepúlveda [1490-1573] quien defendía la esclavitud de los indios con la justificación de la diferencias entre los hombres con fundamento en la filosofía aristotélica, y en contradicción, fray Bartolomé de las Casas [1474-1566] quien retomara y ampliara las tesis sobre la humanidad de los indígenas y denunciara las injusticias que los españoles en su empresa realizaban, de acuerdo con las tesis iniciales pronunciadas hacia el año 1510 por el misionero y dominico español Antón de Montesinos (1480-1540). (Hanke, 1968)

de esa comunidad demostrándose la existencia latente de esta opresión en nuestros días.

Pero no por esta realidad pude opacarse los logros obtenidos para salvaguardar la dignidad de estas comunidades, por ello en primer lugar se expondrán las ordenanzas del Rey Católico Fernando II el 27 de diciembre de 1512 legislación colonial de gran valor, pues uno de sus pilares fundamentales era que la condición del "indio" era asimismo "hombre libre", con todos los derechos intrínsecos a este como es el caso del trabajo dado que podían laboral con unos mínimos de derecho a favor de la Corona en el marco de la Encomienda, estas ordenanzas se conocen como las Leyes de Burgos en las cuales se establece:

- El buen trato para que a los indígenas no se les moleste ni injurie (leyes 22, 24, 27);
- que se les adoctrine en la fe y se les atienda en su vida cristiana (leyes 3-10, 12, 16);
- la posibilidad de hacer poblaciones junto a las de los españoles y con ello poder ser adoctrinados y servir más cómodamente a los españoles (leyes 1, 2);
- que no haya repartimientos de más de 150, ni menos de 40 indios (ley 35);

- que al cesar una encomienda por muerte o por cualquier otra causa, quien los reciba debe ser del mismo pueblo y compre la estancia que tenía el que la dejó (ley 28);
- que el trabajo y servicio en las minas sea durante 5 meses y descanso 40 días; de igual manera, que las mujeres preñadas de 4 meses solamente trabajen para el servicio personal de los españoles –naborías-, y las que hayan parido no hagan nada por 3 años; que nadie se sirva de indios ajenos; que los que tienen indios encomendados envíen la tercera parte a las minas (leyes 13, 18, 21, 25);
- que no se cargue en transportes a los indios que están en encomienda (ley 11);
- que se les provea de mantenimientos y vestidos (leyes 15, 19, 20, 26);
- que se eduque a los hijos de los caciques (ley 17);
- que no se prohíban a los indios las celebraciones –areítos- que tienen por costumbre (ley 14);
- que se lleve registro de la población india en repartimientos y encomiendas para saber si disminuyen o crecen (ley 35);
- y que haya visitadores de pueblos, estancias, minas y pastoreos (leyes 29-34) (Pérez Fernández, 2001, p.99).

Como se puede notar, luego de 1512 se reivindica el alcance de esta normatividad puramente indiana derivada de reflexiones antropológicas, sobre su situación como condición de "ser hombres", la vinculación de la normatividad con una profunda adhesión a la fe cristiana, la defensa de los derechos de la maternidad, la jornada y el descanso[4], y, entre otros, la *encomienda* como institución económica de la Colonia[5]. De esta manera; el Estado mantuvo tenazmente sus fines y sujetó a los empresarios a su política y autoridad. Jamás consintieron los reyes españoles que los territorios de las Indias Occidentales se convirtiesen en simples factorías comerciales o depósitos de esclavos (Marsal & Marce, 1959, p. 217). Empero, el distanciamiento del querer del derecho respecto de la realidad no depende de la política, ni del desconocimiento de la realidad americana, sino, la historia demuestra que los intereses particulares devienen en "individualismo" y "egoísmo" bajo el estandarte del divorcio entre el hecho y el derecho con la fórmula: "Se acata, pero no se cumple", máxima presente en la historia latinoamericana de la época de la Colonia (Araujo, 2009, p. 7).

---

[4] En contexto, Tomás Moro en Utopía advierte que la jornada laboral no debía superar las seis horas, y "las misiones de los jesuitas conocieron la prosperidad con esa misma jornada de seis horas" (Aristizábal, 1993, p. 228). E. Astesano en su Historia socialista de América (1973) afirma que los europeos descubren el socialismo americano, dado que en América se vivía en un "paraíso común" y esta tendencia inspiró las utopías renacentistas de MORO, Campanella y Bacon, de tal forma que Europa mira hacia América.

[5] Su alcance como institución no perduró tal como no ha perdurado homólogas instituciones como el patrocinio romano, los feudos medievales y los señoríos españoles (Zavala, 1948, p. 209)

La República y Los Indígenas

En el Siglo XIX una vez se logra la independencia cambian las directrices políticas en Colombia alejándose de las que se tenían en la colonia dentro de esos cambios se encuentran también los referidos al trato de los indígenas, en este sentido se profiriera la ley 1 del 11 de octubre de 1821 donde se establecía claramente que:

> Convencido de que los principios más sanos de política, de razón y de justicia exigen imperiosamente que los indígenas, esta parte considerable de la población de Colombia que fue tan vejada y oprimida por el gobierno español, recupere en todo sus derechos, igualándose a los demás ciudadanos, ha venido en decretar y (Ley 1, 11 octubre, 1821)

Igualmente encontramos la ley del 3 de agosto de 1924 donde se estipula una política en la cual se quiere integrar a la republica las comunidades indígenas disueltas acompañada esta política por la entrega de tierras baldías del Estado, aunque teleológicamente esta ley busque la integración al imponerle directrices cristianas a esta comunidades para poder ser beneficiares de esa ley se está menoscabando con su cultura corriente que se perpetua con la ley 89 de 1890 la cual fue considerada en algunos aspectos, por lo menos, como una normatividad que protegía a los pueblos indígenas, en tanto que excluía de la aplicación del Código Civil a las comunidades indígenas (Sánchez, 2004, p. 23) por ello se tiene como hito para la consolidación de los derechos de los indígenas, lastimosamente en ella se utilizaron como lo señalo el profesor Sánchez Botero distinciones totalmente erradas entre las cuales estaban los términos de salvajes, semisalvajes y civilizados[6], fundamentada esta clasificación exclusivamente en la aplicación de categorías de la cultura Occidental mayoritaria sobre presupuestos de madurez en relación con la capacidad para distinguir la antijuridicidad de una acción, sin olvidar la incidencia de la Iglesia Católica en todo eso, de esta manera evidenciamos que con la consagración de la republica la discriminación en contra de los indígenas es atenuada, persisten conductas mediante las cuales se menoscaban su dignidad tanto como individuos como comunidades indígenas.

[6] Expresiones de la Ley 89 de 1890 fueron demandadas y luego declaradas inconstitucionales en la sentencia C-139 de 1996, magistrado ponente Carlos Gaviria Díaz, allí se puntualiza: "La terminología utilizada en el texto, que al referirse a 'salvajes' y 'reducción a la civilización' desconoce tanto la dignidad de los miembros de las comunidades indígenas como el valor fundamental de la diversidad étnica y cultural. Una concepción pluralista de las relaciones interculturales, como la adoptada por la Constitución de 1991, rechaza la idea de dominación implícita en las tendencias integracionistas. Aunque se puede entender que los términos del artículo acusado han sido derogados tácitamente por las nuevas leyes que regulan la materia (v.gr. Convenio 169 de la OIT, que habla de 'pueblos indígenas y tribales') y, sobre todo, por la Constitución de 1991, no encuentra la Corte ninguna razón para mantener en vigencia el artículo acusado, como quiera que su significado, independientemente de los términos en que se expresa, es contrario a la Constitución".

La Posición Actual de los Indígenas
Derechos Humanos de los Indígenas.

En la actualidad después de grandes luchas por el reconocimiento de los derechos de los indígenas, en la comunidad internacional se logró la consolidación de derechos humanos específicos para esta población, los cuales son desarrollados de manera explícita por la UNICEF:

a) "Derecho a la Distintividad: Se refiere a la posibilidad respetable y valorable para considerarse a sí mismos como diferentes, y a ser respetados como tales, bajo el principio de que unas diferencias culturales no son más valiosas que otras. Se establece así –a partir de la igualdad– un sistema de equivalencias donde el derecho a la diferencia es sinónimo del derecho a la distintividad.

b) Derecho a lo Propio: su derecho a la distintividad no puede separarse de un derecho a lo propio, del derecho a su cultura, a lo que es de sí, lo que les da su identidad, justamente como pueblos.

c) Derecho al Mejoramiento Económico y Social: Es preciso el derecho al mejoramiento económico y social, derecho que remite a un extenso número derechos: al trabajo, a la salud, a la retribución económica equitativa y a la justicia económica, derecho que hacen parte de los derechos a la igualdad de estos pueblos.

d) Derecho Preferente: los pueblos indígenas deben ser sujetos de un derecho preferente ya que ellos constituyen minorías empobrecidas, marginadas y discriminadas". (Sánchez, 2003).

Derechos de los indígenas en Colombia.[7]

Ahora bien, en Colombia debe nombrarse de manera trascendental en materia de la política de reconocimiento a los indígenas, la notable participación de sus representantes en la Asamblea Nacional Constituyente la cual fue determinante en el texto final de la Constitución Política de 1991, al tratar temas tan cruciales para sus intereses como: i) sus comunidades, ii) el territorio, iii) la jurisdicción, (artículo 10, 96, 171, 246, 286, 321, 329, 330), iv) la consolidación de sus territorios como entidades territoriales a nivel local, siendo consideradas como propiedad colectiva (artículos 329, 357), v) sus autoridades (artículos 171, 246, 330), vi) su circunscripción especial (art. 171) y vii) la participación en el legislativo (artículos 171, 176).

Además de estos avances específicos en materia de derechos étnicos cabe resaltar como esta Constitución de por sí ya representa

[7] Es importante señalar que legislativamente hay algunos desarrollo en la materia, pero aún se denota la falta o vacíos existente en esta materia por parte del trabajo del congreso

un gran avance en la defensa y respeto de los derechos de cada uno de los colombianos, en cabeza de la consolidación del estado social de derecho donde prima el interés general sin menoscabar en la garantías individuales fundamentales para lo cual se constituyeron un conjunto de acciones constitucionales donde se propendía por esa protección, de esta manera con la vigencia de la Constitución Política de Colombia de 1991.

La tutela constituye un medio para la construcción de entendimiento cultural. Frente a las comunidades indígenas, la tutela ha servido de instrumento para su protección, de tal manera que con este mecanismo se tiene "la más clara manifestación del cambio prospectado a partir de la Constituyente" (Sánchez, 2004, p. 149).

Desarrollo Internacional.

En 1957 en el seno de la Organización Internacional del Trabajo (OIT) se promulgo el Convenio 107 sobre poblaciones indígenas y tribunales, relativo a la protección e integración de las poblaciones indígenas y de otras poblaciones tribales y semitribales en los países independientes, tomando como directriz el hecho de que todos los seres humanos tienen derecho a perseguir su bienestar material y su desarrollo espiritual en condiciones de libertad y dignidad, de seguridad económica y en igualdad de oportunidades, convirtiéndose en uno de los primeros instrumentos jurídicos mediante los cuales se salvaguardaba la dignidad de estas comunidades, este convenio es ratificado en Colombia con la ley 31 de 1967 promulgada el 19 de julio de ese año. Posteriormente con el artículo 1° del Convenio 169 de 1989 de la OIT sobre pueblos indígenas, se consagra que tienen derecho como pueblos o como personas al disfrute de todos los Derechos Humanos (DDHH) y libertades reconocidos por la Carta de las Naciones Unidas, la Declaración Universal de Derechos Humanos, en general, los derechos consagrados en tratados internacionales. La aprobación del Convenio 169 de 1989 se realiza en Colombia a través de la Ley 21 del 4 de marzo de 1991, y por ultimo evidenciamos que en el año 2007 se profiere la declaración de las Naciones Unidas sobre los derechos de los pueblos indígenas donde se catalizan todos estos avances internacionales para materializar estas garantías.

De manera relevante se tiene el fundamento jurídico para la atribución de derechos a los pueblos indígenas, al considerarlos como "sujeto colectivo". En la sentencia de tutela T-380 del 14 de octubre de 1993, magistrado ponente Eduardo Cifuentes Muñoz, se considera que: "los derechos fundamentales de las comunidades indígenas no deben confundirse con los derechos colectivos de otros grupos humanos. La comunidad indígena es un sujeto colectivo y no una simple sumatoria de sujetos individuales que comparten los mismos derechos o intereses difusos o colectivos". Tales consideraciones se deben a la relevancia y significación de los indígenas como "pueblo", contenidos en el Convenio 169 de la OIT.

De acuerdo con la fundamentación constitucional y legal para el reconocimiento de los pueblos indígenas como "sujetos colectivos", Colombia tiene un significativo avance para que puedan ser tratados como iguales en la diferencia, esto es, sus particularidades culturales que los hacen distintos de otros grupos humanos, les caracteriza con el derecho de hacerse exigible dado el respaldo jurídico que obliga a su reconocimiento[8].

[8] Los derechos y reconocimiento de los pueblos indígenas tienen amplio desarrollo en jurisprudencia de la Corte Constitucional. Puntualmente en la sentencia de unificación SU 510 del 18 de septiembre de 1998, magistrado ponente Eduardo Cifuentes Muñoz, se reconocen como derechos fundamentales de los indígenas: "el derecho a la subsistencia, derivado de la protección constitucional a la vida (C.P., artículo 11); el derecho a la integridad étnica, cultural y social, el cual se desprende no sólo de la protección a la diversidad y del carácter pluralista de la nación (C.P., artículos 1° y 7°) sino, también, de la prohibición de toda forma de desaparición forzada (C.P., artículo 12); el derecho a la propiedad colectiva (C.P., artículos 58, 63 y 329); y, el derecho a participar en las decisiones relativas a la explotación de recursos naturales en sus territorios".

Capitulo II

Conflicto Armado en Colombia y Afectaciones a los Pueblos Indígenas

El recurso de la violencia fue utilizado e instrumentalizado por la oligarquía del país desde la independencia a mediados del siglo XIX (kurtenbach, 2005, p. 14) evidenciándose por ello el remoto origen del conflicto Colombiano, caracterizado por su heterogeneidad tanto a lo largo del tiempo como en la extensión del territorio (Basta Ya, 2013, p. 111) sil olvidar que La guerra en Colombia es un fenómeno de larga duración, variable intensidad y gran heterogeneidad en la violencia (Restrepo , 2009, p. 35).

Las circunstancias de enfrentamientos en el Siglo XIX constituyen para una lectura de actualidad, los antecedentes remotos del conflicto armado en Colombia, y si se va más atrás, el mismo ejercicio se podría realizar con lo acaecido en la época precolombina con las confrontaciones entre clanes y tribus, la mencionada tensión en tiempos de la Conquista y la época de la Colonia. Ya en el Siglo XX, un hito como la muerte del líder del Partido Liberal, Jorge

Eliécer Gaitán, da origen a la denominada "Violencia", enfrentamiento entre personas miembros o señaladas de pertenecer tanto al Partido Liberal, como al Partido Conservador (nacidos y ya enfrentados en el Siglo XIX).

El conflicto actual de Colombia tiene múltiples actores y como se evidencio en líneas anteriores este país ha sufrido un conflicto latente desde su independencia, incluso desde la misma conquista, sin embargo desde mitad del siglo XX ha encrudecido al expandirse sus impactos a toda la sociedad, en este sentido.

Su origen se da con la aparición de las Fuerzas Armadas Revolucionarias de Colombi*a* (FARC), al constituirse como la organización armada ilegal más antigua y con un número significativo de combatientes; de otra parte, existe la hipótesis, mayormente generalizada, de que el origen del conflicto armado data de los acontecimientos luego del denominado "*Bogotazo*" el día de la muerte de Jorge Eliécer Gaitán, y la confrontación entre liberales y conservadores, período ya mencionado como la época de "La Violencia" (Ballén, 2010).

El conflicto ha sufrido transformaciones en sus distintas dinámicas de intensidad y con formas heterogéneas en la manera de manifestaciones de la violencia de este modo gracias a la doctrina podemos encontrar tres etapas en las cuales se ha desarrollado este conflicto: en primer lugar, las guerrillas, en segundo lugar, como respuesta a la subversión y estrategia armada de lucha contra el *statu quo* enraizado en la ideología de las guerrillas, aparecen en el escenario las fuerzas de seguridad del Estado; en tercer lugar, se suman los grupos de autodefensas y paramilitares, (Granada, Restrepo y Vargas 2009) estos últimos actores beneficiados con la legislación favorable que permitió su conformación, según lo muestra la misma Corte interamericana de Derechos Humanos al expresa que:

> El 24 de diciembre de 1965, el Estado emitió el Decreto Legislativo No. 3398 'por el cual se organiza la defensa nacional' (...) fue adoptado como legislación permanente mediante la Ley 48 de 1968 (con excepción de los artículos 30 y 34). Los artículos 25 y 33 del referido Decreto Legislativo dieron fundamento legal a la creación de "grupos de autodefensa" (Corte IDH, 2004, Caso 19 comerciantes Vs Colombia, párrafo. 84.a)[9].

El respectivo acervo probatorio que compromete la responsabilidad del Estado colombiano por este componente de contexto jurídico, también se allega, entre otros, al *Caso de la masacre de Pueblo Bello vs Colombia* y el *Caso de la masacre de La*

[9] Los párrafos subsiguientes de la decisión de la Corte IDH continúan con la argumentación sobre los respaldos y discusión jurídica que dieron espacio para la creación de estos grupos que, organizados, actúan al margen de la Ley

Rochela vs Colombia por el mismo organismo perteneciente al *Sistema Interamericano de Derechos Humanos* (SIDH).

Como se manifestó anteriormente son varios los actores que intervienen en el actual conflicto interno colombiano produciendo efectos y daños por todo el territorio irradiando su actividad por toda la sociedad colombiana, realidad de la que no se escapa las comunidades indígenas del país, quienes por habitar en zonas rurales y algo apartadas de los casos urbanos son población con mayor exposición a sufrir los efectos de los enfrentamientos bélicos, viéndose.

> Amenazada por la continuidad de la violencia en muchas de las zonas donde habitan estos pueblos, territorios en los que coinciden las fuentes de riqueza natural más exuberantes del país, los principales canales y lugares fronterizos para la movilización y tránsito de grupos armados, con espacios geoestratégicos para la siembra de cultivos ilícitos y límites importantes para el control militar de los adversarios" (Rivera, 2011, p. 53).

Como resultado de las situaciones en el conflicto armado, las comunidades indígenas han sido afectadas en su identidad colectiva y cultural, a tal punto que la Corte Constitucional tuvo que manifestarse a través del Auto 004 de 2009 y el Auto 382 de 2010, para evidenciar el impacto en los grupos indígenas del fenómeno del desplazamiento forzado en el contexto del conflicto armado, toda vez que los citados autos propenden por la protección de los derechos fundamentales de las personas y los pueblos indígenas; en el marco de la superación del estado de cosas inconstitucional declarado en la sentencia de tutela T-025 del 22 de enero de 2004, magistrado ponente Manuel José Cepeda Espinosa, que acumuló 108 expedientes de acciones de tutela interpuestas por 1150 núcleos familiares, de población desplazada compuesta principalmente por mujeres cabezas de familia, por personas de la tercera edad y menores, y algunos indígenas.

Se expresa por la Corte Constitucional en la enunciación de los antecedentes y fundamentos de la decisión, en el apartado del Auto 004 sobre la afectación diferencial de los pueblos indígenas por el conflicto armado y su impacto sobre los factores de desplazamiento o confinamiento, lo siguiente:

> La Corte Constitucional ha identificado claramente una serie de factores comunes, que constituyen los troncos principales de la confrontación que se cierne sobre los pueblos indígenas del país, y que dependiendo del contexto geográfico, socioeconómico y cultural del cual se trate, se entrelazarán de manera distinta sobre cada comunidad en particular. Estos factores se agrupan en tres categorías principales: (1) las confrontaciones que se desenvuelven en territorios indígenas

> entre los actores armados, sin involucrar activamente a las comunidades indígenas y sus miembros, pero afectándolos en forma directa y manifiesta; (2) los procesos bélicos que involucran activamente a los pueblos y comunidades indígenas, y a sus miembros individuales, en el conflicto armado; y (3) los procesos territoriales y socioeconómicos conexos al conflicto armado interno que afectan sus territorios tradicionales y sus culturas. A su vez, estos factores operan sobre la base de una serie de procesos territoriales y socioeconómicos que, sin tener relación directa con el conflicto armado, resultan exacerbados o intensificados por causa de la guerra. (Corte Constitucional, 2009, auto 004).

Teniendo en cuenta las afectaciones culturales por las que han pasado las comunidades indígenas en Colombia, debido a su localización geográfica en el caso puntual de los pueblos pertenecientes a la Sierra Nevada de Santa Marta (SNSM), se tienen cuatro comunidades que de alguna manera han sido víctimas del conflicto armado. En territorio ancestral de los *Kogui*, *Arhuacos*, *Wiwas* y *Kankuamos*, aproximadamente desde el año 1982 cuando hacen presencia los grupos subversivos con el Frente 19 de las FARC-EP, y posteriormente los grupos de autodefensa dentro de los cuales se cuenta el conformado por Hernán Giraldo Serna, quien llegó a dominar las veredas norte y occidental de la Sierra Nevada, además del grupo conocido como "*Clan de los Rojas*", y más tarde con la irrupción del Bloque Norte de las Autodefensas Unidas de Colombia (AUC) comandado por Rodrigo Tovar Pupo alias Jorge 40, los pueblos indígenas en medio del conflicto reciben agresiones por parte de todos los actores armados que victimizan a miembros de las comunidades de distintas maneras, dentro de las cuales se caracteriza el homicidio, la desaparición forzada[10], el reclutamiento ilícito, y en muchos casos son afectados por la obligación a servir de guías o informantes.

A estas formas de victimización se suma que los pueblos indígenas son víctimas del despojo de sus tierras y pertenencias por parte de los actores armados, quienes se apropian de sus alimentos y medicinas, y, entre otros hechos más, les han restringido la movilidad y padecen el confinamiento. Los actos de violencia cometidos contra los pueblos indígenas de la SNSM se hacen mucho más graves si se observa desde sus propias perspectivas y cosmovisiones, las violaciones a sus sitios sagrados, la prohibición de expresarse en su lengua, la prohibición de realizar sus ritos, las restricciones al acceso y prácticas ancestrales sobre sus comidas y medicinas, el desconocimiento de las autoridades tradicionales,

---

[10] En el informe titulado "*Hoja de Cruz. Memoria Histórica de los impactos del Conflicto Armado en el Pueblo Indígena Kankuamo 1985-2009*" realizado y autorizado por las autoridades del pueblo *Kankuamo*, se listan 452 hechos que han victimizado a este pueblo en el período de 1982 a 2003, anotando que el homicidio es el fenómeno más recurrente. (Resguardo Indígena Kankuamo, 2009)

entre otras formas de afectaciones a este "sujeto colectivo de derecho".

Capitulo III

Las Comunidades Indígenas de la Sierra Nevada y la Reparación Colectiva

Cosmovisión Indígena

La cultura occidental predomínate en la actualidad difiere en gran medida a los preceptos emanados por la cultura aborigen autónoma de cada una de las comunidades indígenas que existen en todo el mundo, cosa que en Colombia se ejemplifica fácilmente, pues estos grupos tienen un tipo de organización social, económica, política y religiosa muy diferente a la cultura occidental (López, 2006, p. 17), que es reconocida categóricamente por la Constitución del 91; asimismo en relación con la tierra que para el mundo blanco es un simple medio de subsistencia que se puede transferir fácilmente, para estas comunidades la concepción de ese territorio es diferente, no solo por que se sustenta en la forma de entender el sentido de lo humano y de la naturaleza así como la interrelación de estos. (Hidaljo, 2006, p. 267), sino que la tierra para ellos tradicionalmente tiene gran importancia porque de ella, como madre, interactúa y se mantienen la vida, dado que estas comunidades ven al mundo como la suma de muchas partes complementarias que se necesitan unas a otras siendo los seres humanos una de esas partes (Cunningham, 2008, p. 49)[11], sin embargo ese arraigo metafísico entre los indígenas y sus territorios, resulta ser afectado por los procesos de colonización vividos tras la invasión de sus territorios (Alem, 2003, p. 4), no solo lo cometido en la conquista sino el constante desplazamiento al que en nuestros días aún se ven sometidos, evidenciándose el olvido que ha tenido occidente sobre el principio rector de ellos donde todo tiene vida (Campos, 2009, p. 16).

En el caso de la Sierra Nevada de Santa Marta (SNSM), su territorio "sagrado" se delimita por la "Línea Negra", separados de los "hermanos menores", es decir, de quienes no pertenecen a sus comunidades. (Departamento Nacional de Planeación (DNP), 2006, p. 103), La comunidad indígena *Kogui* habita geográficamente la vertiente norte y sur de la SNSM, y se estima, de acuerdo con el estudio del DNP, que su población para el año 2001 llegaba al total de 9.911 (2006, p. 170). Por su parte, los *Wiwa*, ubicados en la vertiente nororiental de la SNSM comparten con los *Kogui* el Resguardo de Campo Alegre (en el municipio de Becerril), tienen pequeños asentamientos en la vertiente del norte de la serranía, y

[11] tan unido esta su pensamiento a la naturaleza, que para ellos el origen del universo se da a través del principio dual evidenciado en la composición de sus dos divinidades principales: el Sol y la Luna (Vargas, 2010, p. 109),

una comunidad en la serranía del Perijá (Barié, 2003, p. 225). Según el estudio del DNP, su población para el año 2001 no supera las 1.922 personas, y la comunidad *Wiwa*, según los datos del *Auto 004* de la Corte Constitucional, hacen parte de los pueblos indígenas mayormente golpeados por el conflicto armado.

El pueblo *Kankuamo* se ubica en la vertiente suroriental de la SNSM, en la parte que corresponde al Guatapurí del resguardo *Arhuaco*, y su población se estima en quince mil personas (Barié, 2003, p. 225). Por su parte, los *Arhuacos* se ubican en la vertiente occidental y sur oriental de la SNSM. Según los datos del DNP, su población para el año 2001 es de 14.799 (DPN, 2006, p. 171).

Las cosmovisiones de estos pueblos se relacionan directamente con la naturaleza, y con ella se comprende la jerarquización de la misma comunidad a partir de la visión espiritual con la importancia de figuras de autoridad tradicional (Rivera, 2011). Así, la vida social en el pueblo *Kogui*:

Gravita en torno a la figura dominante del *máma*. Un buen *máma* es como un padre o una madre, siempre nutriendo y cuidando a sus hijos, sus vasallos, los hombres y mujeres Kogui. Un buen *máma* conoce de forma minuciosa la llamada Ley de la Madre, la ley de los ancestros, y se sabe de memoria las genealogías de los linajes sagrados que puede recitar en téijua, la antigua lengua de los Tairona que ningún Kogui del común puede entender (...) El *máma*, en fin, es el único que puede decidir cuándo se deben realizar los numerosos festivales religiosos, ya que él es un astrónomo consumado y puede controlar el estado del tiempo. En su aislamiento y distancia, al *máma* se le tiene miedo y respeto. Él tiene la autoridad y el poder sobrenatural para hacerla valer, y los vasallos le obedecen cuando habla ya que es un buen *máma*, su protector. (Uribe, 1987, p. 128)

Las comunidades de la SNSM gozan de la posibilidad, en cuanto indígenas, de tener un "derecho propio", a saber, un derecho con características singulares, una jurisdicción micro-local y el reconocimiento de pautas de comportamiento, restricciones, también prohibiciones que no necesariamente están en correspondencia con aparatos de justicia, sino, representan otros horizontes distintos a los fundantes de la sociedad occidental (Sánchez, 2004, p. 131).

la Reparación Para Las Comunidades Indígenas

Allí está la base y manifestación del "pluralismo jurídico" en el cual se permite, en un sentido contrario a la univocidad y centralismo que impone un único derecho en la sociedad, el reconocimiento a la variedad de manifestaciones o prácticas normativas en un mismo espacio socio-político, accionadas por conflictos o consensos, pudiendo ser o no oficiales y teniendo su razón de ser en las necesidades existenciales, materiales y culturales (Wolkmer, 2006, p. 32). El pluralismo jurídico goza de protección constitucional, a partir del contenido del artículo 7° superior, pero en especial, en lo dispuesto por el artículo 246 de la Constitución que señala: Las autoridades de los pueblos indígenas podrán ejercer funciones jurisdiccionales dentro de su ámbito territorial, de conformidad con sus propias normas y procedimientos, siempre que no sean contrarios a la Constitución y leyes de la República (Constitución, 1991, 246).

Del reconocimiento sobre la existencia de un “derecho propio”, y como se anotó, de las facultades jurisdiccionales a las que tienen derecho las comunidades indígenas, se les debe permitir que, en clave cultural, tengan sus propios conceptos y formas de reparación. De otra parte, se considera al Estado como el responsable de garantizar la reparación y de velar por los derechos de los pueblos indígenas (Orduz, 2011, p. 12).

En esta materia cabe acotar lo dicho por las Naciones Unidades en el artículo 11 de la ***Declaración de las Naciones Unidas sobre***

los derechos de los pueblos indígenas (En adelante DNUDPI), que señala:

> Los Estados proporcionarán reparación por medio de mecanismos eficaces, que podrán incluir la restitución, establecidos conjuntamente con los pueblos indígenas, respecto de los bienes culturales, intelectuales, religiosos y espirituales de que hayan sido privados sin su consentimiento libre, previo e informado o en violación de sus leyes, tradiciones y costumbre. (DNUDPI, 2013, art. 11).

En *Occidente,* las medidas de reparación se concentran en los aspectos individuales. En los pueblos indígenas, también hay lugar a reparaciones individuales, pero la mirada colectiva es muy importante. Por ejemplo, si una persona sufre una violación a sus derechos, ella y su familia tienen derecho a la reparación.

En materia la mencionada reparación colectiva la misma DNUDPI incluye en su artículo 28.1 el derecho a la reparación:

> Los pueblos indígenas tienen derecho a la reparación, por medios que pueden incluir la restitución o, cuando ello no sea posible, una indemnización justa, imparcial y equitativa, por las tierras, los territorios y los recursos que tradicionalmente hay poseído u ocupado o utilizado de otra forma y que hayan sido confiscados, tomados, ocupados, utilizados o dañados sin

su consentimiento libre, previo e informado. ((DNUDPI, 2013, art. 28.1).

Ahora bien, una de las diferencias fundamentales entre la sociedad occidental y las sociedades indígenas, se vuelve a anotar, es la concepción de individuo. En la cultura occidental lo más importante es la persona en sí misma, mientras que, para los indígenas, la comunidad es el eje de todas las relaciones. Al referir los derechos de los pueblos indígenas, se está en una categoría especial de DDHH en la cual prima el carácter colectivo e integral, de acuerdo con la cosmovisión específica de cada pueblo. Antes de acudir a las leyes de papeles, se debe mirar "Ley de Origen", constituida por las leyes u orden del agua, de la tierra, del aire, del calor o fuego, de los animales, de los vegetales. Esa es la forma y manifestación de la "Ley de Origen", de equilibrio y armonía con la naturaleza (Resguardo Indígena Kankuamo, 2009, p. 15).

El carácter integral de la reparación, obedece a las formas de comprender los elementos de la naturaleza y el mundo y su interrelación, partiendo del territorio como el elemento fundamental y esencial sobre el cual se edifica la integridad étnica y cultural, la autonomía política y el desarrollo propio de los pueblos indígenas:

La tierra, que nos fue dada desde el origen, es la que sustenta nuestra convivencia, nuestra razón de ser como indígenas nativos de la Sierra, en ese territorio están las normas que como portadores de una cultura determinada debemos cumplir. Todos y cada uno de los sitios donde esta nuestra historia, son los que componen lo que podremos denominar como territorio propio, como espacio sagrado que alimenta, fortalece y nos da existencia en este planeta.

Este espacio es propio de todos y cada uno de aquellos pueblos a los que la Madre Espiritual les encomendó unas misiones específicas, que debemos cumplir y que tan sólo se pueden concretar en el espacio denominado Umunukunu (Sierra Nevada). En últimas, el territorio es donde están escritas las leyes y la historia, sin las cuales no seriamos pueblos con culturas diferentes. (Agencia Latinoamericana de Información, 2006).

El carácter colectivo de la reparación comprende la forma de ser, pensar, sentir y actuar, en la relación con los hombres, la naturaleza y el mundo, bajo los conceptos de equilibrio y armonía. Por tal razón, en un contexto de efectivo reconocimiento de coexistencia de distintos sistemas jurídicos –pluralismo-, se encuentra la dimensión de la reparación colectiva que, para el caso de los pueblos indígenas, se materializa con el mantenimiento del acervo cultural, la memoria histórica y la cohesión social del grupo étnico como una unidad diferenciada bajo los principios culturales y de autonomía definidos por las autoridades tradicionales.

Leyes transicionales, enfoque diferencial y la reparación colectiva a las comunidades indígenas de la Sierra Nevada de Santa Marta.

Los mecanismos de *Justicia Transicional* son aplicados en sociedades para ocuparse del tránsito de una situación en la que ocurren abusos a gran escala y graves violaciones a los DDHH que se cometen o toleran por un régimen, normalmente autoritario, o en el marco de un conflicto armado (Ambos, 2009, p. 28), para hacer tránsito de aquella época y sus consecuencias, a un espacio en el que se conviva pacíficamente. La intención está en resolver los problemas derivados de abusos a gran escala (Forer, 2012, p. 19). Ahora bien, no se trata únicamente de situaciones posconflictuales o cambio de régimen, "sino que también abarca situaciones de procesos de paz dentro de un conflicto en curso y/o de una democracia formal (Ambos, 2009, p. 27), tal como sucede en el marco del proceso penal especial de Justicia y Paz a través del cual se tiene un mecanismo de justicia transicional en medio del conflicto que no ha cesado, en períodos de conflicto, se clama por la reconciliación para curar el pasado, sin que la cura interfiera con el presente o con el futuro (De Sousa, 2012, p. 34).

Por ello, distintas son las experiencias y las formas de concebir y aplicar la justicia transicional. Algunos mecanismos transitan entre las "tesis maximalistas" con juicios solamente conforme a derecho –ordinario o de justicia permanente-; otros propenden por "tesis minimalistas" con la aplicación de amnistías que, si no son condicionadas, presentan un margen y generan inestabilidad; y también se tienen acercamientos "moderados" u "holísticos" a través de los cuales no se favorece un mecanismo de justicia transicional en especial, sino que, en perspectiva de lo que ha avanzado y conceptuado la Organización de las Naciones Unidas (en adelante ONU), interesa el cumplimiento de los objetivos de la justicia transicional (Ibáñez, 2014, 475),

Se busca, a través de la justicia, investigar y sancionar a los responsables de los crímenes, de otra parte, la reparación a las víctimas, la verdad y las garantías de no repetición frente a las graves violaciones a los DDHH e infracciones al Derecho Internacional Humanitario (en adelante DIH). Estos derechos de la verdad, la justicia, la reparación y garantías de no repetición, se les denomina "pilares" de la justicia transicional[12].

En el caso particular colombiano Teniendo en cuenta este contexto, el objetivo de la *Ley 975* del 25 de julio 2005 se orienta a la reincorporación a la sociedad de miembros de los *grupos armados organizados al margen de la ley* (GAOML) para contribuir de una

[12] tomados del "Informe final revisado acerca de la cuestión de la impunidad de los autores de violaciones de los Derechos Humanos (Derechos Civiles y Políticos)" (ONU, 1997), realizado por Louis Joinet en el contexto de la Resolución 1996/119 de la Subcomisión. Allí se habla de "ejes temáticos" -pilares-: Justicia, verdad y reparación (ONU 1997, párr. 16-43).

manera efectiva al proceso de paz en Colombia buscando garantizar los derechos de las víctimas a la verdad, la justicia, la reparación y la garantía de no repetición, para lo cual la jurisprudencia constitucional manifestó que:

> La justicia transicional admite la existencia de una tensión entre el objetivo social de lograr un tránsito efectivo hacia la paz o la democracia, y los derechos de las víctimas a que las violaciones de derechos sean investigadas, enjuiciadas y castigadas por el Estado, y a que se logre una efectiva reparación. Para la resolución de esta tensión, el Derecho Internacional, partiendo de la base de que los compromisos de los Estados en el respeto de los Derechos Humanos no se suspenden ni interrumpen por las circunstancias de transición, formula ciertos lineamientos a fin de asegurar estándares mínimos en materia de justicia, verdad y reparación (Corte Constitucional, 2006, C-370).

La reparación integral en la justicia transicional

Así las cosas, el componente específico del reconocimiento de la reparación se encuentra como componente de la justicia transicional para obligar al Estado a realizar una investigación efectiva que contribuya con la identificación, captura y sanción de las personas responsables por los delitos cometidos –Justicia-, además de asegurar a las víctimas accesos a medidas eficaces de reparación integral. También, se tienen en cuenta el derecho a la verdad, derecho especialmente aplicable a las víctimas para conocer lo sucedido sobre hechos de los cuales resultan afectadas.

En esta ley la reparación como derecho se enuncia en la versión original de la *Ley 975* de 2005 en el artículo 8º, artículo derogado por la Ley 1592 del 3 de diciembre 2012, pero reintegrado por la sentencia C-180 del 27 de marzo de 2014, con lo cual se mantienen las distintas formas como la restitución, indemnización, rehabilitación y la generación de garantías para que no se vuelvan a repetir las conductas delictivas, así como la reparación simbólica y colectiva, decidida por vía judicial.

la reparación judicial y administrativa

Dentro de los proceso de reparación establecidos por el legislativo cabe señalar que existen dos tipos de reparación una judicial y la otra administrativa, diferentes entre sí toda vez que la primera se consagra para propender por los mecanismos que finalizan en el "incidente de reparación integral" incorporado en la decisión, mientras que, en el caso de la reparación administrativa no se busca una "restitución integral", sino la inclusión de "un margen de apreciación" (López, 2012, p. 106), para lo cual en este país dentro del marco de la Ley 975 tal mecanismo se incorporó a través del Decreto 1290 del 22 de abril de 2008[13].

Ninguno de estos tipos puede suplir al otro deben coexistir ambos sin excluirse entre sí pues ambos permiten alcanzar la verdadera reparación integral, dado que no es constitucionalmente admisible homologar el sistema de reparación judicial que venía funcionando a través del incidente de reparación integral, y el sistema de reparación administrativa que se consagró a través de la Ley de Víctimas (Corte Constitucional, 2014, C- 180).[14]

Como fue la pretensión del legislador según lo informó la Comisión del Conciliación durante el proceso de formación de la Ley 1592 de 2012.

Pues es claro que el derecho a la tutela judicial efectiva impone una decisión por parte del juez natural dentro del proceso penal, sobre la reparación reclamada por la víctima que atienda a las circunstancias del caso concreto, a la condición particular de cada una de las víctimas y a los perjuicios que se demuestren dentro del

[13] "por el cual se crea el Programa de Reparación Individual por vía Administrativa para las Víctimas de los Grupos Armados Organizados al Margen de la ley", , derogado por el artículo 297 del Decreto 4800 del 20 de diciembre de 2011 que reglamenta la Ley 1448 del 10 de junio de 2011.

[14] Por la vía administrativa la reforma de la Ley 975 de 2005 que hace la Ley 1592 de 2012, había derogado el artículo 8º del texto original de la Ley 975 de 2005, e incorporado un nuevo artículo que hacía "desaparecer" la oportunidad de la reparación lograda por vía judicial, tal como se tenia con la adición de un artículo en el cual se confundían la reparación judicial y administrativa,:

expediente haber sufrido. Por lo anterior, a diferencia del esquema masivo de reparación por vía administrativa, en el ámbito del proceso judicial penal no es admisible dar una respuesta estandarizada sobre la reparación ni limitar el componente de indemnización a un monto predeterminado pues no tendría en cuenta las circunstancias específicas de cada proceso para su tasación. (Corte Constitucional, 2014, C-180).

Como se puede notar, no era potestativo del juez decidir sobre aspectos de reparación integral le devuelve a los jueces la capacidad para "tasar" los daños, aunque no hace la integración normativa y articulación entre las leyes 1448 de 2011 y 975 de 2005. Igualmente, se tienen a la fecha los comunicados de prensa de las decisiones C-286 y C-287 de 2014, con las cuales se declara la inexequibilidad de los artículos que remitían la reparación integral a la Ley 1448 de 2011, con ello se termina con el "incidente de identificación de afectaciones" y se vuelve al anterior "incidente de reparación integral" establecido en la Ley 975 de 2005, toda vez que homologados el régimen administrativo y el judicial en materia de justicia transicional, se niega a las víctimas los derechos fundamentales de acceso a la justicia, la debida tutela judicial y el debido proceso.

Incidencias de la reparación integral

Sin embargo, las citadas sentencias de la Corte Constitucional consideran que tanto la vía administrativa como judicial, si bien no deben confundirse, tampoco son excluyentes sino complementarias y deben articularse. Así las cosas, se reintegran los artículos 23 y 24 de la Ley 975 de 2005 que regulan el "incidente de reparación integral", los artículos 7 (derecho a la verdad), 8 (derecho a la reparación), 42, (deber general de reparar), 43 (orden de reparación en la sentencia), 45 (solicitud de reparación), 47 (rehabilitación), 48 (medidas de satisfacción y garantías de no repetición), y 49 (programas de reparación colectiva) de la Ley 975 de 2005. La sentencia C-180 de 2014 recuerda que como medidas de reparación se presentan la restitución, indemnización, medidas de satisfacción, rehabilitación y garantías de no repetición.

Por su parte, la Ley 1448 de 2012 señala en el segundo inciso del artículo 25: La reparación comprende las medidas de restitución, indemnización, rehabilitación, satisfacción y garantías de no repetición, en sus dimensiones individual, colectiva, material, moral y simbólica, y, tal como se aclaró lo sucedido luego de la reforma incorporada y reintegración por vía jurisprudencial de la Corte Constitucional, se mantiene aún la posibilidad de la reparación por vía judicial.

La Ley 1448 de 2011 contempla las medidas de asistencia y reparación integral a las víctimas del conflicto armado, en la cual se establecen medidas judiciales, administrativas, sociales, colectivas e individuales en beneficio de las víctimas de las violaciones de DDHH como resultado del conflicto en el país. Es importante tener en cuenta que esta Ley toma en consideración a los pueblos indígenas y las comunidades afro colombianas que han puesto en riesgo sus costumbres y su cultura por culpa del conflicto y de la victimización de sus comunidades:

> Las medidas de atención, asistencia y reparación para los pueblos indígenas y comunidades afrocolombianas, harán parte de normas específicas para cada uno de estos grupos étnicos, las cuales serán consultadas previamente a fin de respetar sus usos y costumbres, así como sus derechos colectivos, de conformidad con lo establecido en el artículo 205 de la presente ley (Artículo 2°).

En el artículo 3 de la citada Ley 1448 se establece quiénes son las víctimas que pueden acceder a la reparación y restitución, y toma en cuenta todas las personas y comunidades que ya hayan sufrido daños a partir del 1 de enero de 1985, así como también los compañeros y familias de las víctimas. De igual manera, se establece que las víctimas de los hechos ocurridos antes del 1 de enero de 1985 tienen derecho a la verdad y a medidas de reparación simbólica (artículo 3, parágrafo 4º). Como aspectos necesarios para la comprensión del tema que ocupa el presente trabajo de investigación, en atención diferencial se incorpora dicho enfoque a través del artículo 13 así:

> El principio de enfoque diferencial reconoce que hay poblaciones con características particulares en razón de su edad, género, orientación sexual y situación de discapacidad. Por tal razón, las medidas de ayuda humanitaria, atención, asistencia y reparación integral que se establecen en la presente ley, contarán con dicho enfoque (Ley, 1448 del 2011, art. 13).

De manera concordante, la lectura para el reconocimiento de las comunidades indígenas, se desprende de los principios de dignidad, la buena fe y el derecho a la igualdad, por cuanto se tiene en cuenta que las medidas de las que trata la Ley 1448 de 2011, serán reconocidas sin distinción de género, respetando la libertad u orientación sexual, raza, la condición social, la profesión, el origen nacional o familiar, la lengua, el credo religioso, la opinión política o filosófica (artículo 6º).

La Ley 1448 de 2011 avanza en la identificación de las víctimas y la individualización de cada una de ellas, al tener en cuenta, no solamente cuáles fueron los hechos que los afectaron individual y colectivamente, sino, también en la definición de reparación que cada una de las víctimas tiene. Dado el reconocimiento del "enfoque diferencial" en la normativa, también la reparación requiere la incorporación de tal enfoque. Como se evidencia con el estudio por parte de la corte sobre el Estado de Cosas Inconstitucional a partir de las condiciones de vulnerabilidad extrema en las cuales se encuentra la población desplazada, se requiere la necesaria inclusión del "enfoque diferencial" en los programas sociales y las políticas de verdad, justicia, reparación y no repetición para los grupos étnicos protejan su identidad cultural y la relación colectiva con el territorio que ella comprende (Rodríguez & Lam, 2010, p. 9), bajo esta misma corriente pero dentro del concepto de "reparación transformadora" para la restitución de la tierra despojada, se priorizaría como beneficiarios "a los campesinos pobres o a las comunidades indígenas (Uprimny & Guzmán, 2010, p. 260).

El tema de tierras estaba ausente de la Ley 975 de 2005, por lo cual tuvo que complementarse con la promulgación de la Ley 1448 de 2011, (precisamente denominada como la Ley de Víctimas y Restitución de Tierras)[15]. Para el caso específico de la reparación a las comunidades indígenas, el Ministerio del Interior y de Justicia, el 09 de diciembre de 2011 expide el Decreto-Ley 4633[16] el cual en sus consideraciones señala que existe desarrollo de lo reglado en el

[15] Morigerada en la reforma que realiza la Ley 1592 de 2012

[16] "Por medio del cual se dictan medidas de asistencia, atención, reparación integral y de restitución de derechos territoriales a las víctimas pertenecientes a los pueblos y comunidades indígenas"

artículo 205 de la Ley 1448 de 2011 para la protección de las comunidades indígenas, también hace mención de los compromisos del Estado para hacer efectivo el goce de los derechos de las comunidades indígenas, y entre otros, los compromisos con los desarrollos de lo contenido en la sentencia de Tutela T-025 de 2004.

En especial, el Decreto-Ley 4633 señala que el Estado tiene la obligación de:

> responder efectivamente a los derechos de los pueblos indígenas a la reparación integral, a la protección, a la atención integral y a la restitución de sus derechos territoriales, vulnerados como consecuencia del conflicto armado y sus factores subyacentes y vinculados y, en consecuencia, garantizar que los pueblos indígenas puedan asumir el control de sus propias instituciones, formas de vida, de desarrollo económico y hacer efectivo el goce efectivo de sus derechos humanos y fundamentales, en especial a la verdad, a la justicia, a la reparación y a las garantías de no repetición (Decreto-ley, 4633, consideraciones, 2011).

En su articulado el Decreto 4633 define su objeto y ámbito (artículos 1 y 2), define las víctimas como sujetos colectivos (artículo 3), exige compromiso con la pervivencia física y cultural de las comunidades (artículo 6), respeto a la ley de origen, ley natural, derecho mayor o derecho propio de los pueblos (artículo 7), específicamente sobre la reparación colectiva este reglamento expresa que:

> El concepto de reparación integral para los pueblos indígenas, individuales y colectivamente considerados, se entenderá como el restablecimiento del equilibrio y la armonía de los pueblos, vulnerados históricamente en sus dimensiones material e inmaterial. De la dimensión inmaterial forman parte los fundamentos espirituales, culturales, ancestrales y cosmogónicos, entre otros. Dicho restablecimiento se entenderá como un proceso que incorpora un conjunto de medidas y acciones transformadoras, justas y adecuadas dirigidas a fortalecer la autodeterminación y las instituciones propias, garantizar el goce efectivo de los derechos territoriales y el restablecimiento de los mismos, en caso de que hayan sido vulnerados, e implementar medidas de indemnización, rehabilitación, satisfacción y garantías de no repetición. Los derechos a la justicia y a la verdad hacen parte de la reparación integral de las víctimas (Decreto – ley 4633, 2011, art. 5).

Finalmente, es de anotar que la versión original de la Ley 975 de 2005 no incluía el "enfoque diferencial", Esto tiene como consecuencia que a pesar de los esfuerzos aún se tienen invisibilidades de las afectaciones de los pueblos indígenas en lo avanzado de un proceso como el enmarcado en la Ley de Justicia y Paz (Ley 975 de 2005), dado que las actuaciones judiciales y confesiones efectuadas por los victimarios, se concentran en la generalidad de las víctimas y se deja de lado el "enfoque diferencial" que hace visibles los daños sufridos por los pueblos indígenas como "sujeto colectivo de derecho", sin embargo tras modificaciones legislativas se logró mejorar las condiciones de esas comunidades al adicionar ese enfoque como:

> El principio de enfoque diferencial reconoce que hay poblaciones con características particulares en razón de su edad, género, raza, etnia, orientación sexual y situación de discapacidad. Por tal razón, la participación de las víctimas en el proceso penal especial de que trata la presente ley, así como el proceso judicial y la investigación que se realice, deberán contar con dicho enfoque, sin perjuicio de la aplicación de criterios de priorización.
>
> El Estado ofrecerá especiales garantías y medidas de protección a los grupos expuestos a mayor riesgo de las violaciones a que se refiere el artículo 5° de la presente ley, tales como mujeres, jóvenes, niños y niñas, adultos mayores, personas en situación de discapacidad, campesinos/as, líderes/lideresas sociales, miembros de organizaciones sindicales, defensores/as de Derechos Humanos, víctimas de

> desplazamiento forzado y **miembros de pueblos o comunidades indígenas**, ROM, negras, afrocolombianas, raizales y palenqueras, cuando el riesgo se genere con ocasión de su participación en el proceso judicial especial de que trata la presente ley (Ley 1592, 2012, art. 5A).

Tanto ha sido la evolución en esta materia que sobre la protección y reparación de las comunidades indígenas como sujetos de derechos autónomos, que institucionalmente el Estado ha promovido significativos cambios como es el caso de la Fiscalía General de la Nación (en adalante FGN) que en 2009 se incluyó en el Sistema Integrado de Gestión de Calidad (SIGC), como un subproceso de la Unidad Nacional de Fiscalías para la Justicia y la Paz (UNFJyP), la guía FGN-58000-g02 para el "Acercamiento y jornada de atención a víctimas indígenas" (FGN, 2009). La citada guía estandariza distintos mecanismos para el acercamiento a las comunidades indígenas, para proveer de "acciones afirmativas"[17] que

[17] Se define como "acciones afirmativas", a las "estrategias destinadas a establecer la igualdad de oportunidades, por medio de medidas que compensen o corrijan las discriminaciones resultantes de prácticas o sistemas sociales. Tienen carácter temporal, están justificadas por la existencia de la discriminación secular contra grupos de personas y resultan de la voluntad política de superarla" (Suplecy, 1996 citado por Barbieri, 2002, p. 28).
La Corte Constitucional en la sentencia de constitucionalidad C-371 del 29 de marzo de 2000, magistrado ponente Carlos Gaviria Díaz, señaló como acciones afirmativas la expresión para designar: "políticas o medidas dirigidas a favorecer a determinadas personas o grupos, ya sea con el fin de

adopten un marco de reconocimiento a la condición multicultural y pluriétnica de Colombia, y lograr la participación de estos "sujetos colectivos de derecho" al proceso de justicia y paz (Fiscalía General de la Nación, 2009, p. 4).

Al tener en cuenta el contexto histórico, social y cultural de los pueblos indígenas *Kogui*, *Wiwa*, *Arahuaco* y *Kankuamo*, el concepto de reparación no se limita exclusivamente a una reparación material, sino también a una reparación que encaje con una política del reconocimiento a la cosmovisión de los pueblos de esta zona del país. De esta manera, es necesario tener en cuenta que la reparación a estos pueblos tiene en cuenta sus visiones del mundo que, como se ha evidenciado en los aportes de los estudios culturales, distan de ser equivalentes al mundo en perspectiva de la visión Occidental mayoritaria[18].

---

eliminar o reducir las desigualdades de tipo social, cultural o económico que los afectan, bien de lograr que los miembros de un grupo subrepresentado, usualmente un grupo que ha sido discriminado, tengan una mayor representación". De igual manera, y entre otras decisiones, la sentencia de tutela T-110 del 16 de febrero de 2010, magistrada ponente María Victoria Calle Correa.

[18] El avance de la Constitución Política de Colombia de 1991 en su artículo 7º destaca el reconocimiento y protección de la diversidad cultural de la nación colombiana. Lo alcanzado allí, demuestra que todo el movimiento gestado en la modernidad sobre la "tolerancia" aplicada a aspectos culturales, deviene en el "pluralismo" que tiene por función el mantener la paz intercultural y que no se provoque hostilidad entre las culturas.

El conocimiento sobre los fenómenos culturales, en tratándose de comunidades indígenas, permite reconocer que:

> Algunos pueblos indígenas han definido la reparación de una forma distinta, como el restablecimiento del equilibrio y la armonía. Las medidas de reparación, entonces, deberían conducir a garantizar la permanencia física y cultural y la reproducción de los sistemas culturales con autonomía (Orduz, 2011, p. 9).

Capitulo IV

La Reparación Colectiva A Las Comunidades Indígenas En Perspectiva De Los Pueblos De La Sierra Nevada de Santa Marta

Con el título: "*los pueblos indígenas en los escenarios de verdad, justicia y reparación integral*", Yanitza Carrillo, en calidad de mujer indígena perteneciente al pueblo *Kankuamo* publicó un artículo para insistir en la necesidad de establecer el equilibrio y armonía que parte del "pensamiento propio", el "legado cultural", y "la función otorgada por la Madre Espiritual a los cuatro pueblos indígenas de la SNSM (*Kogui, Arhuaco, Kankuamo, Wiwa*)" (Carrillo, 2012, p. 18). De igual manera, insistió en la urgente necesidad de:

Establecer que en los pueblos indígenas el colectivo prima por encima de los intereses individuales, y hacer que este tema quede claro y posesionado ante los encargados de este proceso (de *Justicia y Paz*), es un gran paso para el retorno del equilibrio y la armonía en los pueblos indígenas de la Sierra Nevada" (Carrillo, 2012, p. 19).

En este contexto, la evaluación de los delitos cometidos contra los pueblos indígenas en la SNSM (*Koguis*, *Arahuacos*, *Wiwas* y los *Kankuamos*) advertidos en el anexo del Auto 004 de la Corte Constitucional donde se exponía el análisis focalizado de la situación de los pueblos indígenas colombianos mayormente afectados por el conflicto armado interno y el desplazamiento forzado, deberían tener una especial relevancia debido a las afectaciones a los derechos a la autonomía, a ser distintos, y a desarrollar su existencia de acuerdo con su cosmovisión, dado que los daños ocasionados no solo ponen en peligro su existencia física, sino también su integridad cultural. Por esta razón, la dimensión colectiva para la reparación prima sobre una concepción individual que esté acorde con sus cosmovisiones e identidad cultural.

Pluralismo Jurídico y Escenario de Justicia Transicional

Con el contendió teórico expuesto hasta el momento resaltamos el papel importante que tienen las comunidades indígenas para la materialización de la justicia transicional en este país fruto del eventual post conflicto Colombiano, donde el trato que debe tener el Estado sobre ellos es demasiado complejo, pues si a simple vista son grandes las diferencias que ellos tienen con el mundo occidental con un estudio más especializado se reafirmara aún más su complejidad, sin embargo por estas caracterices no sería dificultoso lograr este objetivo, y más bajo los preceptos de la pluralidad con los que estos objetivos los cumpliría fácilmente el Estado, en especial al momento de realizar las reparaciones; con el fin de poder comprender en la practica la materialización de todo esto se realizó una entrevista de manera personal al profesor Torres quien es experto en la materia, específicamente en las comunidades de la SNSM, para entender de mejor manera estas incidencias.

Sobre el contacto de los pueblos indígenas de la SNSM en relación con el Proceso de Justicia y Paz, el profesor Torres recuerda que a ustedes que realmente si nosotros llegamos a la situación como pueblo indígena, a lo que la sociedad le llama 'norma', es algo que se escribió, mientras que nosotros, nuestras normas, nuestros principios, no es de papel (*sic)*, sino que quedan instituidos desde el origen del tiempo como la ley madre donde la base fundamental, o la idea fundamental es la integralidad entre sus componentes. (C. Torres, comunicación personal, 26 de septiembre, 2013); Pro sigue el profesor resaltando que la concepción del derecho, y de las normas de justicia transicional, evoca una mirada a la "integralidad", desarrollada más adelante frente al concepto de "reparación colectiva" (C. Torres, comunicación personal, 26 de septiembre, 2013), igualmente en su texto resultado de la intervención en el encuentro sobre el "Diálogo intercultural hacia el pluralismo jurídico igualitario" llevado a cabo el 17 de octubre de 2012 en la Universidad del Norte en Barranquilla, el autor reconoce que: a la luz de la concepción indígena, el término Justicia no significa nada. El principio fundante de la identidad primigenia de los pueblos indígenas de la SNSM consiste en la íntima relación de 'Hombre – Naturaleza (Torres, 2012, p. 36) en ese sentido el profesor al recalcar sobre el pluralismo jurídico manifiesta que no hay nada que esté separado, por eso hay como dos marcos, entonces en ese sentido, pues, se hace en algún momento cuando Colombia estaba con la Constitución de 1886, estaba hecha en un Estado sin oído, y tocando sus organismos, su cultura, todo sin oídos. Al Estado le esta costando todavía, claro, todavía está en pañales en la 'Constitución del 91', se logra hacerle como una cirugía [*sic*] para que comience a escuchar, pues por ahora escuchan muy poquito y también quizás se le da otra óptica. (Torres, C., comunicación personal, 26 de septiembre de 2013).

La tensión con la existencia de sistemas de justicia actuando en conjunto, esto es, con el desarrollo del pluralismo jurídico se reconstruye la idea del constante reconocimiento indispensable para los procesos de justicia transicional de cara al "acceso" de los pueblos indígenas a la reparación colectiva. También en el GF se manifiesta la distancia entre el derecho positivizado y el contenido de la reparación:

> Desde la Constitución del 1991 hay muchas cuestiones consagradas, o en las normas internacionales, pero entonces hay una inconsistencia (...) si nosotros somos, según lo que

> dice la historia, si nosotros somos conocedores de este territorio desde el origen porque somos poseedores ancestrales de este territorio, o que somos dueños ancestrales de esa historia del territorio, pero como no hay un papel que lo diga (...) para nosotros la ley es lo que está escrito en el pensamiento. (2014).

De allí se demanda la necesaria "incorporación del enfoque diferencial" para lo cual el profesor insiste en que:

> Una cosa que sobre el 'enfoque diferencial', o cambiar muchas cosas legales como el reconocimiento del patrimonio cultural, material e inmaterial, como eje fundamental el principio de la democracia participativa, resulta que si se puede llamar la democracia participativa la concepción en palabras castellanas se dice 'democracia participativa', en la concepción de los pueblos, la universalidad que eso encierra y como que se vive la cultura, como se recrea la cultura, hombre, pues milenariamente nosotros hemos sido quizás, hemos tenido, ostentado lo que se llamaría la 'democracia participativa' pero en otros términos, en otras dimensiones (Torres, C., comunicación personal, 26 de septiembre de 2013).

Con el reconocimiento del "pluralismo jurídico" en el desarrollo constitucional que hace efectiva una concepción de democracia, hay apertura para la introducción de ese enfoque, donde la concepción de territorio adquiere matices aborígenes muy marcadas, pues: es madre, sagrado historia, el enfoque diferencial viene desde ese enclave, pero como estamos frente a un Estado sordo, mudo, miope, no teníamos ninguna ventanita que pudiera entender el Estado [*sic*]. Salió en el 91, o sea que somos nuevecitos, entonces somos menores de edad (Torres, 2012, p. 36).

El profesor haciendo un análisis de lo que sucedió con Proceso de Justicia y Paz, y su omisión ante la inclusión indígena señala que:

> He encontrado en grupo de personas convencidas, pero yo decía que han tenido una actitud de niños pequeños que quieren aprender, y ese principio de querer aprender es como lo más importante, de querer aprender, de querer conocer, y de querer escuchar. Porque hay algo bien complejo, de que el Estado no tiene oídos para escuchar [*sic*], pero no solamente era el Estado, bueno, el Estado somos nosotros... ¿qué cuestión tenía realmente de entender? [*sic*], el indígena siempre fue sujeto de atropello, de usurpación de todo. (Torres, C., comunicación personal, 26 de septiembre de 2013).

La anotación resalta la constante discriminación que sobre las comunidades indígenas se da históricamente. En términos de "reparación colectiva", si bien existe la normatividad, el acceso siempre dependerá de claras políticas y de aplicación, de una intervención también en los espacios de la justicia transicional. Por ello se resalta la "cosmovisión" de los pueblos indígenas de la SNSM, y la derivada "integralidad".

El abordaje de los temas de justicia transicional desde una perspectiva ancestral que no fueron aplicados en los procesos de paz anteriores en Colombia y que implica un gran reto tanto para la ya constituida ley de víctimas y restitución de tierras y el actual proceso en la Habana sobre ello el profesor manifiesta que:

> El tema está, entrando en Justicia y Paz concretamente, así como las cuatro paredes si fuera en otro momento habría que hablar de justicia, pero resulta precisamente en ejercicio del concepto de la 'integralidad', yo, ni nadie podría hablar, ni uno solo de los indígenas podría hablar- Es imposible hablar de maneras separada, de una sola cosita, del rio, del rio, del rio [*sic*], se va a hablar de la minería, es integral, es ahí donde está cómo debemos hablar del sistema para que Colombia y el mundo entienda esas cómo sería el diseño de esas políticas, esa doctrina... que se aplique realmente esa doctrina de la integralidad, y que la sacralidad no es un cuento de los indígenas, sino, como la vida de la fauna, la vida de la flora, la vida del planeta, de los mares, de los ríos, está íntimamente relacionado con esa visión de proteger, de conservar esa matriz de vida para poder continuar en este convulsionado

mundo que se llama el Planeta Tierra (Torres, C., comunicación personal, 26 de septiembre de 2013).

En las memorias sobre el encuentro en la Universidad del Norte, este autor también señala como soporte de la cosmovisión indígena que:

> La afrenta incurrida a la naturaleza hay que pagarla; el respeto al plano natural es lo más importante, es cuestión de vida y existencia, y el hombre desciende desde la rama de la problemática, y de allí viene hacia lo que prescribe el Código de la Madre Naturaleza. ¿Cómo el estado y sus instituciones deben mirar y respetar la diversidad? Lo que está en juego es la Vida o la Muerte del Planeta (Torres, C., 2012, p. 36).

Integralidad y unidad en la concepción de reparación colectiva.

Una visión de integralidad propone el diálogo intercultural manifiesto también en medidas por la vía de la existencia plural de espacios jurídicos, y una cosmovisión que respete la diferencia, pero que con causas comunes encuentre lugares para la conexión. De esta manera se resalta la "unidad" como dimensión:

> Somos una unidad, una unidad", por lo mismo: "como la unidad, nosotros somos una unidad, pero dentro de la unidad, significa una unidad diferenciada entre los pueblos, donde el piso fundamental de la unidad es el territorio, y una espiritualidad y una culturalidad. (Torres, 2012, p. 36).

La cosmovisión indígena de los pueblos de la SNSM, incorpora, además de la "integralidad" y la "unidad", la "colectividad", señalando que si ellos dicen:

> Que el territorio es colectivo, entonces, del otro lado, con razón entonces piensan el mundo colectivo y en donde queda el universo individual o el universo dividido, eso es fácil entenderlo. Pero si decimos que el universo individual o colectivo, los órganos de cada uno del cuerpo humano, es un individuo pero ese individuo no está separado. Los ojos, el oído, el tacto, cada uno es como las personas. Una universalidad en conjunto, entonces, cada uno es un universo. Algunas de las personas somos universo, somos ley, somos norma, somos historia, pero en conjunto construimos la colectividad de la comunidad. (Torres,C., 2012, p. 37).

Una observación y respuesta normativa que haga una positivización de esta concepción, se incorpora en el artículo 14 del Decreto-Ley 4633 de 2011 al señalar la "dimensión colectiva" sobre la comprensión de las comunidades indígenas de cara a la reparación, son:

> Las medidas y acciones conducentes a la reparación integral y restablecimiento del equilibrio y la armonía de los pueblos y comunidades indígenas, siempre tendrán en cuenta la dimensión colectiva de las violaciones a los derechos fundamentales, colectivos e integrales de los pueblos indígenas y sus integrantes.
>
> Esta dimensión incluye el impacto colectivo de violaciones individuales sobre la estructura tradicional, socioeconómica, cultural y organizativa. Lo anterior, sin perjuicio de que las medidas y acciones anteriormente señaladas sean reconocidas de forma individual a integrantes de los pueblos indígenas que hayan sido objeto de estas violaciones.
>
> Las medidas señaladas tendrán como finalidad el restablecimiento y goce efectivo de los derechos que han sido vulnerados individual y colectivamente a los pueblos indígenas.
>
> Las medidas de reparación individual y colectiva son complementarias y en ningún caso podrán sustituirse entre sí (Decreto. – ley 4633, 2011, art. 14).

Puntualmente, sobre la "reparación" y el "acceso", objeto de la presente investigación, existe un carácter peyorativo frente a la forma de concebir en la legislación que le da marco a la justicia transicional en Colombia en el apartado de la "reparación". Los acercamientos e inclusión de las comunidades indígenas de la SNSM, entre otras razones, se ha hecho paulatinamente. el profesor torres en esta materia anota que:

> Poco a poco se ha comenzado hacia allá, vinculándose también algunas personas [*sic*]. Ahora está de moda, y se oye mucho que la justicia transicional en contexto, conforme se está dando la justicia que de pronto la norma que si sea transicional, pero para mí sería porque transicional la complejidad también tienen las mismas normas, bueno, ahora también está la institución de tierras, la restauración, la Ley de Víctimas, que todo eso se ha convertido en un *boom*. Toda una emoción social y política, pero si realmente eso responde de verdad, o es solo una parafernalia, también de cosas pero el afectado queda en las mismas. (Torres, C., comunicación personal, 26 de septiembre de 2013).

La última parte de esta respuesta denota la carencia de un "acceso" a la reparación en su forma "individual" al referirse al "afectado". Qué decir de la manera colectiva de una esperanza reparadora en los términos de las reformas y lo tratado en el marco referencial sobre la reparación que, con las intencionalidades de la Ley 1592 de 2012 trataban con exclusividad la vía "administrativa", cambiando las reglas de juego superada la versión original de la Ley 975 de 2005, como también, poniendo límites a la aplicación del Decreto-Ley 4633 de 2011. Por esta razón, explica el profesor que un miembro de la comunidad de los *Kankuamos* manifestó que había esperanza para las comunidades a una 'reparación integral' sin la reformas, sin embargo con ella sus poquitos dientes le fueron quitados con la reforma (Torres, C., comunicación personal, 26 de septiembre de 2013).

Por ello, se insiste en la cosmovisión integradora en términos de reparación, como una percepción general en la cual no existe distancia entre individuo-colectividad, y como comunidades y pueblos tienen una estrecha relación con el territorio.

La ejemplificación sobre la manera de reparación con la conexión entre una circunstancia particular de impacto para la colectividad, la realiza el profesor Torres, al referir el caso de Pedro Pinto Zalabata, indígena de la comunidad de Kogui quien fuera secuestrado por el Bloque Resistencia Tayrona, dejado en libertad, y posteriormente desaparecido por el Bloque Norte de las AUC:

> El caso de Pedro Pinto que pasó en el pueblo Kogui, entonces ahí tenemos como el primer vértice de comprensión de cómo se puede reparar a una persona, como en el caso nuestro del

> pueblo y de la razón de ser regidos por unos principios. Entonces resulta que al matar a una persona, si se murió esa persona, si se afectó unos hijos, una familia, independientemente, es una agresión, si se le mete un tiro a una persona, se lo han hecho a un territorio, se le ha hecho al aire, se le ha hecho al agua, a la montaña se le ha hecho a los sitios sagrados. (Torres, C., comunicación personal, 26 de septiembre de 2013).

De esta manera, existe siempre la "dimensión colectiva" tanto para la afectación, como para la correspondiente "reparación": Si la comunidad pierde alguno de sus miembros, bien sea un líder o una persona que resguarda el conocimiento del grupo, no sólo se pierde la percepción de un individuo si no también el conocimiento cultural y parte de la identidad de la comunidad (Torres, 2012, p 37).

Territorio Y Espiritualidad, En Clave De Reparación

Los representantes de los pueblos indígenas son enfáticos al señalar como forma de reparación, la reivindicación de sus territorios y la necesidad de reconstrucción de lo espiritualmente afectado por el conflicto. Sus exigencias se desprenden de la visión de "integralidad" que se evoca para proyectar en la reparación medida de saneamiento de los espacios sagrados afectados por hechos ocurridos en el conflicto armado. En las palabras de un representante de los pueblos de la SNSM se puntualiza que:

> Estamos hablando de las afectaciones de los sitios, (...) de pronto ahí mataron muchas personas, de pronto ahí hubo un tiroteo, un bombardeo, de pronto hubo susto en la cual quedó afectado entonces en esos sitios, ya eso si le tocaría sentarse, necesitaría unos tiempos para sanear esos sitios sagrados (GF, 2012).

De su parte, la mayor voluntad y exigencias para que sean los "*mámos*" quienes "reconstruyan la armonía que se afectó por los hechos cometidos" (GF, 2012) en sus respectivos territorios, y con personas de los pueblos directamente afectadas. Territorio y espiritualidad en su cosmovisión trazan una "ruta" para proveer la reparación, toda vez que,

> Al nacer, una persona es parte espiritual del todo. El niño nace, se rejuvenece. Da más vida a la madre naturaleza. El espíritu del niño se conecta con los demás y con la naturaleza. Se mata una persona, se afecta el sitio en el que estaba conectada la persona. Se trata de una devolución de los lugares o para poder reparar (GF, 2012).
>
> De esta manera, "al hacer los trabajos espirituales, al pagar en ese lugar, estamos haciendo la reparación a esas

personas, a esos personajes que vivió [*sic*], que hizo las madres ancestrales [*sic*], nos manda a este lugar para cumplir una función a las madres, cuando la madre ancestrales [*sic*] diga: 'ya usted tiene que venir hacia mí, es cuando nosotros nos morimos" (GF, 2012).

La reparación, al "sanear" el territorio "sería, de pronto, hacer un saneamiento también con que se cura con la plata de las afectaciones que ha hecho [*sic*], y se ha devuelto por las tierras a los indígenas, esa sería una reparación comunitaria [*sic*]".

Conclusiones

Uno de los principios que rige el derecho internacional, es la auto determinación de los pueblos, derecho que durante siglos fue hurtado a las comunidades indígenas nativas en las américas, intentando desde la conquista sustraer su cultura dejando innumerables consecuencias; razón por la cual el mundo occidental de hoy tiene una deuda grande con estas comunidades, o lo poco que queda de ellas por su misma cosmovisión y los derechos inherentes a ellos merecen que se han tratado como tal y para resarcirles a cada uno de ellos todo el ordenamiento jurídico debe tener un trato especial, realidad que no debe desconocerse en la futura justicia transicional que se aplicara en este país.

El reconocimiento de los pueblos indígenas cuenta con instrumentos que en Colombia se profundizan a partir de la Constitución Política de 1991, de los cuales no pueden estar ausentes los instrumentos jurídicos que en armonía, obligan la incorporación del "enfoque diferencial". Sin embargo, como se presenta en la indagación que data de los tiempos de la Colonia, legislaciones favorables con la condición de los indígenas caen bajo la fórmula que en la práctica lleva al desconocimiento de sus derechos, por lo que continúa vigente la expresión: ¿Se acata pero no se cumple? A contrario sensu, la realidad de los indígenas hoy sería diferente.

- El conflicto armado durante los últimos años ha exigido la aplicación de mecanismos de justicia transicional. En este contexto se establecen como pilares la verdad, la justicia, la reparación y las garantías de no repetición, que deben reconocer un contexto de "pluralismo jurídico", además de la lógica incorporación del "enfoque diferencial" que permita identificar las necesidades de cada una de las víctimas, así como de sus comunidades, y como se ha venido exponiendo a lo largo de este escrito se debe realizar un marco de reparación especial para las comunidades indígenas que por su contexto lo merecen y con lo cual no se vulneraria el principio de igualdad

El acceso a la reparación del sujeto colectivo de derechos en las leyes que enmarcan mecanismos de justicia transicional, inicialmente tienen ausente del "enfoque diferencial" para dar respuesta a los pueblos indígenas, de allí que las comunidades de la SNSM manifiesten de alguna manera una concepción "peyorativa" frente a los mecanismos incorporados por la legislación, concepción y prevención que hoy ante la ausencia de decisiones judiciales que se manifiesten con medidas de reparación acrecientan tal percepción.

La cosmovisión de los pueblos indígenas de la SNSM demanda la conceptualización de la reparación para lograr una efectiva atención diferencial en el contexto de las leyes transicionales. Ausente de la versión original de la Ley 975 de 2005, presentes luego las alternativas de reparación con mecanismos de consulta previa con la Ley 1448 de 2011, adquieren reconocimiento para la especificidad de la manera de reparación por los daños y afectaciones causadas con el Decreto-Ley 4633 de 2011, y con la reforma de la Ley 1592 de 2012 taxativamente señala el "enfoque diferencial". Sin embargo, queda pendiente la efectiva aplicación.

Las comunidades indígenas de la SNSM tienen una percepción sobre la reparación como resultado de su cosmovisión y su percepción socio-histórica y cultural contenidas en su "derecho propio". En esta perspectiva la reparación no se expresa con indemnizaciones monetarias cuya lectura se hace para el componente "individual", sino, con satisfacciones acordes con su identidad y cosmovisión, lo que conlleva la "integralidad", "unidad" y la necesaria "dimensión colectiva" conectada con los aspectos "territoriales" y "espirituales". Por ello, existe un enfoque de la situación de las comunidades indígenas que, dado su carácter de sujeto colectivo de derecho, requiere y demanda protección y respuesta.

Referencias Bibliográficas

Agencia Latinoamericana De Información [ALAI] (2006). *Encuentro Continental Indígena: Resultados de comisiones de trabajo. Encuentro Continental de Pueblos y Nacionalidades Indígenas del Abya Yala*. (En línea). Recuperado de: http://alainet.org/active/14191&lang=es.

Alape, A. (1985). *La paz, la violencia: testigos de excepción. Hechos y testimonios sobre 40 años de violencia y paz que vuelven a ser hoy palpitante actualidad*. Bogotá: Planeta.

Alem, A. (2003). pueblos indígenas, cosmovisión y desarrollo sostenible. diplomacia ciudadana 3 (2), 1-8

Ambos, K. (2009). El Marco Jurídico de la Justicia de Transición. En Ambos, K., Malarino, E. y Elsner, G. (eds.). *Justicia de Transición. Informes de América Latina, Alemania, Italia y España*. pp. 21-129. Montevideo: Fundación Konrad-Adenauer.

Araujo, K. (2009). *¿Se acata pero no se cumple? Estudios sobre las normas en América Latina*. Santiago: LOM.

Aristizábal, L. H. (1993) *Anotaciones sobre el Derecho Indiano*. Bogotá: Pontificia Universidad Javeriana. Facultad de Ciencias Jurídicas.

Astesano, E. (1973). *Historia socialista de América*. Buenos Aires: Relevo.

Ballén, R. (2010). *Los males de la guerra. Colombia 1988-2008*. Bogotá: Temis.

Barbieri, T. (2002). "Acciones afirmativas: Antecedentes, definición y significados. Aportes para la participación de las mujeres en los espacios de poder" En *Memorias del Foro Mujeres y Política, Instituto Nacional de las Mujeres*. pp. 28-34. México: Instituto Nacional de las Mujeres.

Barié, C. (2003). *Pueblos indígenas y derechos constitucionales en América Latina: un panorama*. 2ª Ed. México: Instituto Indigenista Interamericano /

Bastian, J. P. (1992). maerica latina, 1492 – 1992 conquista, resistencia y emancipación. México: UNAM

Comisión Nacional para el Desarrollo de los Pueblos Indígenas / Abya-Yala.

Cabrera, L. A. (2011). *El Accionar Político Militar del Paramilitarismo en la Región de la Sierra Nevada de Santa Marta y su Incidencia sobre la Situación de los Derechos Humanos de las Poblaciones Indígenas (2002-2007)*. Bogotá: Universidad Colegio Mayor de Nuestra Señora del Rosario.

Campos, A. (2009). Cosmovisión del pueblo indígena Nasa en Colombia: Reducción integral de los riesgos, planificación y desarrollo sostenible. Lima: Comunidad andina.

Carrillo, Y. (2012). "Los pueblos indígenas en los escenarios de verdad, justicia y reparación integral", En *Zhigoneshi*. Organización Indígena Gonawindúa Tayrona. Año 14. No. 12. Sierra Nevada de Santa Marta. Noviembre de 2012. pp. 18-20.

Cunningham, M. (2008).Historia y Cosmovisión Indígen. La paz: EIGPP.

De las Casas, B. (1986). *Historia de las Indias*. Edición, prólogo, notas y cronología de André Saint-Lu. Caracas: Biblioteca Ayacucho.

Departamento Nacional de Planeación [DNP] (2006). *Los pueblos indígenas de Colombia en el Umbral del Nuevo Milenio*. [en línea]. Recuperado de: http://www.acnur.org/paginas/index.php?id_pag=5640

Fiscalía General de la Nación [FGN] (2009). "Acercamiento y jornadas de atención a víctimas indígenas" En GIZ-ProFis. *Guía de Procedimientos de la Unidad Nacional de Fiscalías para la Justicia y la Paz. Ley 975 de 2005. Actualización.* Bogotá: Deutsche Gesellschaft für Internationale Zusammenarbeit (GIZ) GmbH. Proyecto Apoyo al Proceso de Paz en Colombia en el Contexto de la Ley de Justicia y Paz –un ejemplo de justicia transicional–, ProFis. Recuperado de: http://www2.gtz.de/dokumente/bib-2012/giz2012-0006es-guia-procedimiento.pdf

Forer, A. (2012). *Justicia Transicional.* Colección "El Saber Penal". Bogotá: Grupo Editorial Ibáñez / Universidad del Sinú.

Galeano, E. (1971). *Las venas abiertas de América Latina.* México: Siglo XXI.

Garraso, P. (1967) la transformación de la cultura indígena durante la colonia. New York: states university of new york.

Granada, S., Restrepo, J. y Vargas, A. (2009). El agotamiento de la política de seguridad: evolución y transformaciones recientes en el conflicto armado colombiano. En J. Restrepo y A. Aponte *(eds.). Guerra y violencias en Colombia.*

Herramientas e interpretaciones (pp. 27-124). Bogotá: Pontificia Universidad Javeriana / CERAC.

Hanke, L. (1968). *Estudios sobre fray Bartolomé de las Casas y sobre la lucha por la justicia en la conquista española de América*. Caracas: Universidad Central de Venezuela.

Hidalgo, J. (2006). Cosmovisión y participación política de los indígenas en el Ecuador. San Pablo: CLACSO

Ibáñez, J. (2014). *Justicia Transicional y Comisiones de la Verdad.* Bogotá: Instituto Berg.

López, C. *et al. (2012). Justicia Transicional en Colombia*. En FORER, A. y LÓPEZ, C. (Comp.). *Colombia: un nuevo modelo de Justicia Transicional.* Bogotá: Deutsche Gesellschaft für Internationale Zusammenarbeit (GIZ) GmbH. Proyecto Apoyo al Proceso de Paz en Colombia en el Contexto de la Ley de Justicia y Paz –un ejemplo de justicia transicional–, ProFis.

López, J. R. & Teodoro, J. M. (2006). Organización social, económica, política y religiosa muy diferente a la cultura occidental. Ra Ximhai 2 (1), 15-26

Marsal Y MARCE, J. M. (1959). *Síntesis histórica del Derecho Español y del Indiano*. Bogotá: Bibliográfica Colombiana.

Orduz, N. (coord.) (2011). *Tejiendo derechos. La reparación a los pueblos indígenas.* Bogotá: Centro de Estudios de Derecho, Justicia y Sociedad [DEJUSTICIA] / Organización Nacional Indígena de Colombia [ONIC].

Organización Nacional Indígena de Colombia [ONIC] (2010). *Palabra dulce aire de vida. Forjando caminos para la pervivencia de los pueblos indígenas en riesgo de extinción en Colombia.* Bogotá.

Pérez-Fernández, I. (2001). *El Derecho Hispano-Indiano. El derecho hispano-indiano: dinámica social de su proceso histórico constituyente.* Salamanca: San Esteban.

Resguardo Indígena Kankuamo (2009). *Hoja de Cruz. Memoria Histórica de los impactos del Conflicto Armado en el Pueblo Indígena Kankuamo 1985-2009.* Sierra Nevada de Santa Marta: Kuino / con el apoyo de la Agencia de los Estados Unidos para el Desarrollo Internacional [USAID].

Rivera, G. M. (2011). *Reparación a Pueblos Indígenas Debates, Aprendizajes y Perspectivas.* Bogotá: Universidad Nacional de Colombia / Facultad de Ciencias Económicas, Instituto de Estudios Políticos y Relaciones.

Rodríguez Garavito, C. y Lam, Y. (2010). *Etnorreparaciones: la justicia colectiva étnica y la reparación a pueblos indígenas y comunidades afrodescendientes en Colombia.* Bogotá: Centro de Estudios de Derecho, Justicia y Sociedad, Dejusticia / Reino de los Países Bajos.

Rojas, E. (2007). Colombia una nación multicultural. Bogotá: DANE.

Sánchez, E. (2003). los pueblos indígenas en Colombia derechos, políticas y desafíos. Bogotá: DANE

Sánchez, E. (2004). *Justicia y pueblos indígenas en Colombia. La tutela como medio para la construcción de entendimiento cultural.* Bogotá: Universidad Nacional de Colombia / Faculta de Derecho, Ciencias Políticas y Sociales / Unidad de Investigación Jurídico-Sociales y Políticas "Gerardo Molina" -UNIJUS-.

Torres, C. (2012). "Percepción y perspectivas en torno al desarrollo del Seminario 'Diálogo Intercultural. Hacia el Pluralismo Jurídico Igualitario'. Barranquilla, 16 y 17 de octubre de 2012". En *Zhigoneshi.* Organización Indígena Gonawindúa Tayrona. Año 14. No. 12. Sierra Nevada de Santa Marta. Noviembre de 2012. pp. 34-38.

Uprimny, R, y Guzmán, D. E. (2010). "En búsqueda de un concepto transformador y participativo para las reparaciones en contextos transicionales". En International Law: Revista Colombiana de Derecho Internacional [en linea] (Julio-

Diciembre): [Fecha de consulta: 30 de marzo de 2015]. Disponible en: http://www.redalyc.org/articulo.oa?id=82420482007

Uribe, C.A. (1987). *Los Kogui de la Sierra Nevada de Santa Marta.* En *Boletín Museo del Oro.* Departamento de Antropología Universidad de los Andes. N° 19. Mayo-Agosto de 1987.

Walkmer, A. (2006). *Pluralismo jurídico. Fundamentos de una nueva cultura del Derecho.* Sevilla: Mad.

Zavala, S. (1984). *Estudios Indianos.* 2ª ed. México: El Colegio Nacional.

Legislación y Jurisprudencia Nacional

Asamblea Nacional Constituyente (1991, Julio 20). "Constitución Política de Colombia de 1991", Gaceta Constitucional No. 116 de 20 de julio de 1991.

Congreso de Colombia (1890, Noviembre 25). *Ley 89* "por la cual se determina la manera como deben ser gobernados los salvajes que vayan reduciéndose a la vida civilizada".

Congreso de la República (1991, marzo 4). Ley 21 de 1991 "*por medio de la cual se aprueba el Convenio número 169 sobre pueblos indígenas y tribales en países independientes, adoptado por la 76a. reunión de la Conferencia General de la O.I.T., Ginebra 1989*". Diario Oficial 39.720.

------- (2005, Julio 25). Ley 975 "*por la cual se dictan disposiciones para la reincorporación de miembros de grupos armados organizados al margen de la ley, que contribuyan de manera efectiva a la consecución de la paz nacional y se dictan otras disposiciones para acuerdos humanitarios*". Diario oficial 45.980

-------- (2010, Junio 10). Ley 1448 "*Por la cual se dictan medidas de atención, asistencia y reparación integral a las víctimas del conflicto armado interno y se dictan otras disposiciones*". Diario oficial 48.096.

-------- (2012, Diciembre 3). Ley 1592 "*Por medio de la cual se introducen modificaciones a la ley 975 de 2005 por la cual se dictan disposiciones para la reincorporación de miembros de grupos armados organizados al margen de la ley, que contribuyan de manera efectiva a consecución de la paz nacional y se dictan otras disposiciones para acuerdos humanitarios y se dictan otras disposiciones*". Diario oficial 48.633.

Corte Constitucional de Colombia (1993, octubre 14). *Sentencia T-380*. Magistrado Ponente Eduardo Cifuentes Muñoz.

-------- (1996, abril 9). *Sentencia C-139*. Magistrado Ponente Carlos Gaviria Díaz.

-------- (1998, septiembre 18). *Sentencia SU-510*. Magistrado Ponente Eduardo Cifuentes Muñoz.

-------- (2000, marzo 19). *Sentencia C-371*. Magistrado Ponente Carlos Gaviria Díaz.

-------- (2004, Enero 22). *Sentencia T-025*. Magistrado Ponente Manuel José Cepeda Espinosa.

-------- (2006, Mayo 18). *Sentencia C- 370*. Magistrados Ponentes Manuel José Cepeda Espinosa, Jaime Córdoba Triviño, Rodrigo Escobar Gil, Marco Gerardo Monroy Cabra, Álvaro Tafur Galvis y Clara Inés Vargas Hernández.

-------- (2009, Enero 26). *Auto 004. Referencia: Protección de los derechos fundamentales de las personas y los pueblos indígenas desplazados por el conflicto armado o en riesgo de desplazamiento forzado, en el marco de la superación del estado de cosas inconstitucional declarado en la sentencia T-025 de 2004, después de la sesión pública de información técnica realizada el 21 de septiembre de 2007 ante la Sala*

Segunda de Revisión. Magistrado Ponente Manuel José Cepeda Espinosa.

-------- (2010, Febrero 16). *Sentencia T-110* Magistrada Ponente María Victoria Calle Correa.

-------- (2010, Diciembre 10). *Auto 382. Referencia: Medidas de protección especial para las comunidades indígenas Hitnu, en situación de confinamiento y desplazamiento del Departamento de Arauca (Comunidades Indígenas de Caño Claro - La Esperanza - Iguanitos - Perreros - Asentada en Betoyes -Municipio de Tame y otros) en el marco de las órdenes dadas en la sentencia T-025 de 2004 y el auto de seguimiento 004 de 2009*. Magistrados Ponentes Juan Carlos Henao Pérez, Nilson Pinilla Pinilla y Luis Ernesto Vargas Silva.

-------- (2014, marzo 27). *Sentencia C-180*. Magistrado Ponente Alberto Rojas Ríos.

Ministerio del Interior y de Justicia (2011, diciembre 09). *Decreto-Ley 4633* "por medio del cual se dictan medidas de asistencia, atención, reparación integral y de restitución de derechos territoriales a las víctimas pertenecientes a los pueblos y comunidades indígenas". Diario Oficial No. 48.278.

Presidencia de la República de Colombia (2008, abril 22). *Decreto 1290* "por el cual se crea el Programa de Reparación Individual por vía Administrativa para las Víctimas de los Grupos Armados Organizados al Margen de la ley". Diario Oficial 46.968.

------- (2011, diciembre 20). *Decreto 1290* "Por el cual se reglamenta la Ley 1448 de 2011 y se dictan otras disposiciones". Diario Oficial 48289.

------- (2013, diciembre 26). *Decreto 3011* "Por el cual se reglamentan las Leyes 975 de 2005, 1448 de 2011 y 1592 de 2012". Diario Oficial 49016.

Resoluciones y Jurisprudencia Internacional

Corte Interamericana de Derechos Humanos [Corte IDH] (2002, Junio 12). *Caso de los 19 Comerciantes vs. Colombia.* Sentencia.

-------- (2006, Enero 31). Caso de la masacre de Pueblo Bello vs Colombia. Sentencia.

-------- (2007, Mayo 11). *Caso de la masacre de La Rochela vs. Colombia.* Sentencia.

Organización de Naciones Unidas [ONU], Asamblea General (2005, Diciembre 16). *Principios y directrices básicos sobre el derecho de las víctimas de violaciones manifiestas de las normas internacionales de derechos humanos y de violaciones graves del derecho internacional humanitario a interponer recursos y obtener reparaciones.* Resolución 60/147.

-------- (2007, septiembre 13). *Declaración de las Naciones Unidas sobre los derechos de los pueblos indígenas.* A/RES/61/295

Organización de Naciones Unidas [ONU], Consejo Económico y Social. (2005, Febrero 18). *Informe de Diane Orentlicher, experta independiente encargada de actualizar el Conjunto de Principios para la Lucha Contra la Impunidad.* E/CN.4/2005/102.

-------- (1997, Octubre 2). *La administración de la justicia y los derechos humanos de los detenidos. La cuestión de la impunidad de los autores de violaciones de los derechos humanos (civiles y políticos). Informe final elaborado y revisado por M. Joinet en aplicación de la decisión 1996/119 de la Subcomisión.* E/CN. 4/Sub. 2/1997/20/Rev.1

Organización Internacional del Trabajo [OIT] (1989, Junio 27). *Convenio 169.* "Convenio sobre pueblos indígenas y tribales en países independientes". Ginebra.

www.ingramcontent.com/pod-product-compliance
Lightning Source LLC
LaVergne TN
LVHW060142051026
849517LV00007B/2538